全民阅读体育知识读本

U0721075

跳高、跳远
——勇跃高峰的运动

盛文林/著

台海出版社

图书在版编目（CIP）数据

跳高、跳远：勇跃高峰的运动 / 盛文林著. -- 北京：
台海出版社，2014.7

（全民阅读体育知识读本）

ISBN 978 - 7 - 5168 - 0426 - 1

Ⅰ. ①跳… Ⅱ. ①盛… Ⅲ. ①跳高 – 基本知识②跳远

– 基本知识 Ⅳ. ①G823

中国版本图书馆 CIP 数据核字（2014）第 175060 号

跳高、跳远：勇跃高峰的运动

著　　者：盛文林

责任编辑：王　品　　　　　　　装帧设计：视界创意
版式设计：林　兰　　　　　　　责任印制：蔡　旭

出版发行：台海出版社

地　　址：北京市朝阳区劲松南路 1 号　　邮政编码：100021

电　　话：010 – 64041652（发行，邮购）

传　　真：010 – 84045799（总编室）

网　　址：www. taimeng. org. cn/thcbs/default. htm

E – mail：thcbs@126. com

经　　销：全国各地新华书店

印　　刷：北京一鑫印务有限公司

本书如有破损、缺页、装订错误，请与本社联系调换

开　　本：655 × 960　　　　1/16

字　　数：130 千字　　　　　　　印　　张：12

版　　次：2014 年 10 月第 1 版　　印　　次：2021 年 6 月第 3 次印刷

书　　号：ISBN 978 – 7 – 5168 – 0426 – 1

定　　价：29. 60 元

前　言

　　跳高与跳远是田径运动中田赛的主要项目，是具有悠久历史的体育运动，它最早产生于人们在生活与生产实践中跨越障碍物的要求。跳高和跳远是非常有益的体育活动，在全世界有着广泛的影响，是奥林匹克运动会的正式比赛项目。

　　跳高和跳远在运动形式上似乎比较简单，但若想取得好成绩，同样需要理解与掌握技术、充分的训练和不断的创新，特别是当跳跃运动的成绩逐渐趋于人体潜能的极限之时，更需要多种学科的研究与多方面的配合与提高，才有可能挖掘潜能，突破极限。而作为健身方式的跳高和跳远，也有着简单易学、强身健体的作用。

　　本书参考了大量专业资料，从跳高和跳远运动的起源与发展开始，对跳高和跳远运动的场地设施、竞赛规则、技术战术、裁判标准、赛事组织及体坛明星等内容都做了简洁而全面的介绍；为适应青少年的阅读习惯，力图做到简洁明了，内容以基础知识为主，以期帮助跳高和跳远爱好者对这一运动有所了解，并能掌握基本的跳高和跳远练习方法，指导自己进行科学、有效的跳高和跳远项目的训练。

目　录

PART 1 项目起源

跳高的起源

跳高是田径运动田赛中的跳跃项目之一，跳高作为人体的一项基本技能，自人类诞生之初就已存在，并在为了生存而进行的狩猎活动中不断的得到训练和提高，可以说跳高的技能源于古代人类在生存中越过垂直障碍的需要。跳高作为一种游戏活动可以追溯到远古时代。中华文明有着悠久的历史，有记载的跳高运动出现在春秋战国时代，那时政府的军事部门把跳高作为挑选和训练士兵的手段之一。民间也流传着跳高的游戏，公元560年左右南北朝有一个叫周文育的人，据说在11岁时，就能跳出相当的高度和距离，其他人都比不过他。

除了中国，跳高运动在其他许多国家都有着很古老的历史，并在历史的不同时期得到流行。在古代日耳曼人中曾盛行过跳越横排马匹的比赛，据说有人曾连续跳越过横排着的6匹马。非洲的图西人还曾有

跳剑游戏

过利用厚木头的跳板或石头踏跳进行的跳高比赛。

　　到了欧洲的骑士时代，跳高似乎已经成为骑士们必备的基本技能，他们在锻炼时，经常做跳剑练习，以此来训练勇气与格斗的技巧。

　　无独有偶，在中国的考古发现中，也在壁画里发现"跳剑"的游戏。另外随着武术的形成与发展，跳高也成了武术训练中必不可少的项目，一个优秀的武术家常常具备相当出色的跳高能力。

跳远的起源

　　跳远同样是田径运动田赛中的跳跃项目之一，一个完整的跳远动作由助跑、起跳、腾空和落地等动作组成。跳远作为一种生存技能源于人类的生存本能，早期人类以采集和狩猎为生，当原始人在林丛草莽中追逐猎物时，倘若遇到沟渠或障碍物，如果障碍不太大，就可一跃而过。作为体育运动的跳远比赛源于古希腊。在古希腊的"五项运动"中已有跳远。世界上第一次正式的跳远比赛，是公元前708年在希腊的第18届奥运会上举行的。当时的设施非常简单，只是把地面刨松，然后在前面放一条类似"门槛"的木板，竞技术者必须踏板而跳。这条"门槛"就是现在起跳板的前身。为避免落地时产生伤害事故，以后又发明了沙坑。古时跳远的成绩不用皮尺丈量。竞技者每跳一次后，在着地点划一条线，最后看谁跳得最远。评定名次时，不仅要看跳得远近，还要看姿势是否优美，只有两者兼备的竞技术者才能获胜。

　　跳远在我国也有着悠久的历史起源，早在春秋战国时期，跳远能力就成为一种选拔与训练士兵的手段，这也可以视为跳远运动在我国的起源。

PART 2 历史发展

跳高运动的历史发展

一、跳高运动的历史

跳高是一项以自身的能力，通过一定的运动形式按照有关的规则，以克服高度障碍为目的的运动项目，跳高有着悠久的历史，作为一项竞技运动项目的跳高历史也有百年之久。如今跳高不仅是世界田径大赛的主要比赛项目，而且是学校体育教材的内容之一，是人民群众喜闻乐见的运动项目之一。

（一）早期发展概况

同任何体育项目的产生与发展一样，跳高也是随着社会的发展而产生、发展的。从作为生存的本能到战争的需要，直至成为健身与娱乐的手段，无不与社会经济、文化的发展紧密相关。历史上的跳高运动开始是越过一定的障碍，如跳上或跳越高物。由于学校教育的出现，引发了校际间体育项目的对抗和比赛，重新开发了古代奥林匹克运动，从而把跳高引入了竞技运动的范畴。

最早的跳高比赛大约在 1700 年左右，当时被列为体操项目进行比赛。比赛在草地上进行，从正面双腿屈膝跳越绳子，这种比赛只判胜负，不丈量成绩。历史上第一个使用尺子丈量高度的是美国人 A·威尔逊，他在 1827 年跳过 1.57 米。作为世界上第一个男子跳高世界纪录，一般认为是 1839 年加拿大人沃弗兰德跳过的 1.69 米。

在现代跳高运动一百余年的发展史中，跳高运动无论在过杆姿势、起跳技术或训练方法上都不断地在改进和完善，运动成绩也日趋接近人类体能的极限。田径研究人员一般将这一历史过程划分为三个阶段：跳高的自然发展阶段、人体能力发挥阶段和人体潜能发掘阶段。

1. 跳高的自然发展阶段（19 世纪 20 年代至 20 世纪 30 年代）

这一阶段是人们由启蒙到探索的过程。在这段时间内作为一项竞技运动还极不完善，在场地、器材、规则上都都处在摸索阶段。人们还停留在依靠自然的弹跳能力，借助于过杆姿势的改进来提高成绩，此阶段的主要待点为：以创新跳高过杆姿势为提高跳高运动成绩的主要方法。

2. 探求人体能力发挥阶段（20 世纪 30 年代末至 70 年代）

随着科学技术的发展和俯卧式跳高的出现，人们开始重视人体能力的发展和理论的研究，这一时期苏联在这方面做出了很大的贡献，在理论方面，1936 年苏联的米列夫斯基研究指出：运动员腾起速度的大小和方向决定了跳跃的腾起轨迹。腾起速度取决于起跳垂直速度和水平速度的大小，垂直速度是靠起跳腿迅速蹬伸产生的，而水平速度来自助跑。

1933 年阿尔巴科夫运用动力学的方法对跳高起跳做了力学研究。同年，谢缅诺夫对起跳的实质做了如下说明：

起跳腿弯曲是助跑惯性的结果，是由于制动动作造成的；摆动动作可对支撑点造成压力作用，能使身体产生垂直速度的那些肌肉更好地用力。

20 世纪 60 年代跳高理论的代表之一是苏联教练员吉雅契诃夫，其主要贡献为：①把高速的助跑与有力的摆动起跳有机地结合起来；②在全面的身体训练中提出较完整的力量训练体系。

中国教练员黄健在大幅度、快速有力地摆动和在全面身体训练基础上突出专项素质和专项能力训练方面也做出了重要的贡献。

（三）人体潜能发掘阶段（20 世纪 70 年代至今）

1968 年背越式跳高出现，以后又经过大约 10 年的探索和实践，背越式跳高技术逐渐完善起来，终于为人们所接受，并反映出这一阶段的特点：（1）进一步从运动员的助跑速度上发掘运动潜力；（2）在训练中形成较为完整的力量训练体系。背越式跳高从产生到目前的日趋完善，经历了纯速度型技术、速度型技术和幅度型（力量型）技术共存，到兼容两种技术特点的综合型（中间型）三个不同类型技术的演变过程，这也反映了未来的跳高技术将朝着速度和力量更加完美结合的方向发展的趋势。运动员将更充分地利用助跑所获得的水平速度，以挖掘自身的极限运动潜力，使身体各部分发挥更大的爆发力量，以获得更大的垂直速度。

二、跳高技术的演变

自跳高运动成为田径比赛项目以来，在姿势上经历了不断的演进。

1864 年，牛津大学和剑桥大学举行了一场田径对抗赛，英国运动员罗伯特·柯奇以

跨越式 1

跨越式 2

"跨越式"创造了 1.70 米的高度，这是跳高的第 1 个跳高世界纪录。跨越式也成为第一种正式载入田径史册的跳高姿势。

1895 年，美国运动员发明了一种"剪式"跳高姿势，其特点是运动员在过杆时，身体急速侧向转体，两腿交叉如剪刀，这种技术在当时创造了 1.97 米的新纪录。直到许多年后，1957 年 11 月 3 日我国女子跳高运动员郑凤荣在北京跳过了 1.75 米，打破当时的女子世界纪录，还是以"剪式"跳过的。

剪式

1912 年美国运动员霍林在美国斯坦福大学田径赛上采用左侧斜向助跑，过杆时以身体左侧滚过横杆的技术赢得冠军，霍林把这种技术命名为"滚式"，霍林使用"滚式"跳高技术创造 2.01 米世界记录。

1923 年"俯卧式"跳高技术首次被苏联运动员伏洛佐夫使用，这种新型技术动作很快就被田径选手们所接受。在 1968 年第 19 届奥运会上，39 名跳高运动员中有 38 人采用这种技术，使"俯卧式"技术成为当时最为流行的跳高技术。

同样是在这届奥运会上，一种新的过杆动作开始出现，美国 21 岁的福斯贝里越过横杆时，不是面朝下，而是面朝上、背朝下地"飞"过横杆，这个动作被命名为"背越式"过杆技术。在这一届奥运会上，福斯贝里以

俯卧式

2.24 米的成绩创造了新的奥运会纪录，"背越式"跳高也随之风靡全球。

自此以后，田径界对俯卧式跳高和背越式跳高究竟哪个技术更先进这个问题进行了长时间的争论与探索。

俯卧式技术可分为助跑、起跳、过竿与落地等几个部分。运动员助跑的角度一般为 30°~50°，大部分运动员助跑距离比背越式短，常用 6~9 步直线助跑。为了更好地准备起跳，运动员在助跑最后 4 步降低身体重心，同时用脚跟落地，步长较大，步频比背越式慢。助跑的倒数第 2 步和"迈步"是俯卧式跳高助跑中的关键，运动员在倒数第 2 步身体重心降到最低的位置，迈步时特别强调向前送骨盆，髋关节向前的速度明显地超过胸部向前的速度。迈步时骨盆超过胸部是俯卧式技术的一个特点。俯卧式跳高在迈步时靠近横杆的是起跳腿。

起跳时要注意直腿摆动（也有少数运动员弯腿摆动），两臂向上摆起，全身向上挺，起跳方向应朝向横杆中央。起跳后运动员做越过横杆动作，身体与横杆平行，同时上体向起跳腿方向转体。过竿时，全身沿身体纵轴旋转，同时起跳腿向胸部收腿，但大腿不能太靠近胸部，小腿收成 90 度时立即翻腿，大腿应向外侧翻转，因此髋关节需要很好的柔韧性。在一般情况下，运动员容易在这时碰掉横杆。全身越过横杆后，准备落地，落地时可单手撑地，也可双手撑地或手和摆

背越式

动腿同时落地，继而全身侧身着地。俯卧式跳高运动员也有采用弧线助跑的，利用弧线助跑的圆周运动惯性作用更快过竿。但是有人认为直线助跑更好，因为直线助跑步点可以跑得很准，更易发挥速度。俯卧式跳高对力量、专项力量、大肌肉力量比背越式要求更高。由于运动员过竿是全身同时过竿，因此起跳时摆动腿的摆动动作比背越式大得多，过竿时间比背越式短，所以俯卧式跳法对于速度素质稍差而力量、柔韧性、爆发力好的运动员较为合适。

再来看背越式技术，背越式跳高同样分为业助跑、起跳、过竿和落地。背越式助跑距离长 9～12 步，有的甚至更长，先跑直线，最后 4～5 步跑弧线，要求运动员速度快，跑得自然，类似短跑运动员的跑法。助跑最后 4 步不降低身体重心，在倒数第 2 步时才采用脚跟着地。迈步时也要向前送髋，但幅度要比俯卧式小，类似跳远运动员起跳的动作。起跳与俯卧式不同，跳背越式的运动员要充分地发挥助跑的水平速度，起跳时要发挥起跳爆发力，摆动腿弯腿摆动。背越式起跳最大的特点是必须做旋转动作。起跳腿是离横杆远的腿，起跳时摆动腿向上向外摆，以使运动员向助跑开始方向做旋转动作。起跳后，转为背向横杆。背越式的过竿动作与俯卧式不同，运动员身体横在竿上，身体各部分依次过竿。过竿时挺腹，全身在竿上处于弧形状态，头部、肩部、胸部在竿后急剧下压，当身体重心达到最高点时，大腿向下并挺胸挺腹，以便顺利越过横杆。运动员臀部过竿后，开始落地。为避免小腿打落横杆，运动员收腹、低头、使大腿很快离开横杆，小腿向上伸直。落地的顺序为肩部——两臂——背部——腰部。

直至第 22 届莫斯科奥运会上，联邦德国运动员韦希格以背越式跳高技术一举征服 2.36 米的高度，战胜了所有采用俯卧式跳高的运动员后，背越式跳高终于彻底打败俯卧式跳高，逐渐成为重大比赛中跳高运动员的不二选择，我国跳高运动员朱建华，他从 1983 年到 1984 年分别以 2.37 米 2.38 米和 2.39 米的成绩三次打破世界纪录。他采用的姿势就是"背越式"过杆技术。

三、我国的跳高运动

(一) 解放前跳高项目的发展

在中国近代田径运动发展过程中,跳高是开展得比较早的一个项目。19 世纪末,上海圣约翰书院开展的体育活动中,就有徒手体操、哑铃、兵式体操、网球、足球、棒球、竞走和跳高等项目。

1894 年,清政府李鸿章倡办天津北洋水师学堂,为练兵和强健体魄,开设的体育课程内容中也有跳高项目。

随着英美等国在中国开办教会学校和建立基督教青年会组织,并开始兴办运动会,运动会中都设有田径比赛项目,并且都有跳高项目。

从 1910—1948 年,中国共举办过 7 届全运会,在田径比赛中,都把跳高列为正式比赛项目,这期间涌现出了一些优秀跳高运动员。

吴必显,1933 年 7 月在天津举行的第 17 届华北运动会上跳过 1.82 米。1935 年暑期,他参加了奥运会赛前集训,在 1936 年 5 月参加第 11 届奥运会田径集训的第 2 次测验中,跃过 1.871 米,不仅取得参加奥运会资格,而且创造了当时中国男子跳高的全国纪录。

远东运动会从 1913—1934 年共举行了 10 届,中国都组队参加比赛。中国运动员在第 1、第 3、第 5 和第 6 届远东运动会上分别获得跳高冠军。第 5 届上袁庆样和第 6 届上余怀安还同时打破远东运动会跳高项目的赛会纪录。虽然中国在第 8 届和第 9 届没有取得名次,但从跳高比赛成绩来看,表现不凡,应该说,当时的中国跳高运动员在远东运动会上具有一定的实力。

远东运动会跳高纪录为 2.00 米,是由菲律宾运动员托列比亚于 1930 年在东京举行的第 9 届远东运动会上创造的。我国运动员在远东运动会上的最好成绩是吴必显于 1934 年在第 10 届远东运动会上创造的

1.83 米。

从 1930 年的第 4 届全运会开始，增设女子比赛项目，其中就有跳高。历届全运会女子跳高成绩都很低。1948 年第 7 届全运会上，河北女子运动员吴树森用跨越式跳过 1.40 米，这是当时女子跳高全国纪录。

（二）新中国跳高项目的发展

1. 跳高走向世界

（1）新中国初创新纪录

1953 年 5 月，中华全国体育总会在北京举行了"全国田径运动员选拔测验大会"，在 25 项比赛中，破 4 项、平 2 项全国纪录，创造了 2 项全国新纪录。解放军女运动员刘佩莲用跨越式跳过了 1.40 米，平了解放前女子跳高纪录。7 月在北京举行的"中国人民解放军田径选拔赛"上，刘佩莲又以 1.44 米的成绩，打破了解放前的纪录。到 1955 年 5 月，两年左右的时间里，上海女学生傅雪雁用漂亮的剪式，又把女子跳高纪录迅速提高到 1.61 米。

1954 年 8 月，中国大学生体育代表团参加在匈牙利布达佩斯举行的第 12 届世界大学生运动会，李大培用剪式跳过 1.88 米，打破了旧中国男子跳高纪录。后来在两年的时间内，李大培又把全国纪录提高到 1.95 米。

1957 年 2 月，在上海举行首次室内田径比赛。时任国家田径集训队总教练的黄健，对参加跳高比赛的男女运动员采用的姿势进行了临场统计。在 28 名男运动员中 1 人运用跨越式、18 人运用剪式、5 人运用滚式、4 人运用俯卧式；15 名女运动员中，7 人运用跨越式、2 人运用剪式、2 人运用滚式、4 人运用俯卧式。赛后黄健教练撰文《在正确的道路上》指出，运动员选则的跳高姿势对提高跳高运动成绩具有重要作用。他提倡学习先进的技术，建议男子尽量用俯卧式，女子用剪式或俯卧式。他为中国跳高的发展指出了方向。

1957 年 6 月，在北京举行"中国——苏联迪那摩田径对抗赛"中，云南运动员马翔龙用俯卧式跳过 1.96 米，打破了李大培 1.95 米的全国纪录。10 月，在南京举行的"全国田径运动会表演赛"中，马翔龙又跳过 2.00 米的高度，成为我国男子跳高用俯卧式突破 2.00 米大关的第一人。到 1958 年 5 月，马翔龙又把男子跳高纪录提高到 2.01 米，为我国俯卧式跳高的发展开创了新局面。

马翔龙

（2）女子跳高的发展

1957 年 11 月 17 日，在北京市田径运动会上，山东姑娘郑凤荣用剪式成功地跳过 1.77 米，打破了由美国运动员麦克丹尼尔保持的 1.76 米的女子跳高世界纪录。

这是中国运动员第一次刷新田径项目的世界纪录。郑凤荣的这一跳，振奋了体育界，振奋了中国，也惊动了世界。郑凤荣为中国体育运动发展史写下了光荣的一页。

郑凤荣，1937 年出生，山东济南人。1953 年代表山东省参加华东地区第 1 届田径运动会，以 1.38 米的成绩获得跳高第 2 名，还以 4.76 米的成绩获得跳远冠军。同年被选入国家田径集训队。一年后，在大连举行的全国 13 城市大中学生田径运动会上，以 1.45 米的成绩打破 1.44 米的全国纪录。1957 年 8 月，在柏林国际田径比赛中，跳过 1.72 米，获得冠军，从此跨入女子跳高世界先进行列。

郑凤荣身高 1.70 米，她虽不像欧美运动员那样身材高挑，身体素

郑凤荣

质好，但具有吃苦的精神，通过超过外国运动员一倍的大运动量训练，在全面发展身体素质的基础上掌握了具有自己独特风格的剪式跳高技术，最终打破了世界纪录。到了 1963 年，郑凤荣跳过了 1.78 米的高度，名列当年世界女子跳高第 2 位。

（3）中国俯卧式跳高

1959 年 9 月第 1 届全运会召开之后，教练员黄健选拔了一批具有发展潜力的优秀跳高运动员进入国家田径集训队，其中包括男运动员倪志钦、史鸿范、康驹培等。在借鉴当时处于世界先进水平的苏联俯卧式跳高训练经验的同时，开创我国自己的俯卧式跳高发展之路，并取得了成功。1960 年史鸿范和康驹培用俯卧式先后跳过 2.08 米和 2.09 米，列为当年男子跳高世界第 14 位和第 11 位。1961 年，倪志钦用俯卧式跳过 2.10 米和 2.11 米，列为当年男子跳高世界第 6 位，这标志着我国男子跳高进入世界先进行列。

1961 年 11 月，国家田径集训队赴昆明训练，汇同有关科研人员讨论和总结 1958 年以来田径各项目训练的经验和教训，并形成了书面材料，1962 年在上海举行全国田径运动会期间，教练员讨论学习，跳高组由黄健教练主持，以《跳高多年训练总结》规范了俯卧式跳高技术，构建了我国俯卧式跳高训练体系，为促进我国俯卧式跳高的发展奠定了理论基础。

1962 年，倪志钦跳过 2.17 米，列为当年男子跳高世界第 2 位。1963 年和 1964 年，他接连跳过 2.20 米和 2.21 米，又名列这两年世界第 2 位。1965 年他跳过 2.25 米，1966 年他又跳过 2.27 米，都列为当年世界第 1 位，使我国俯卧式跳高居于世界领先水平。

女子跳高也出现了优秀的俯卧式跳高运动员，如 1964 年辽宁运动员吴运新，凭她良好的身体素质，特别是力量素质和娴熟的俯卧式技术，成功跳过 1.76 米，列

俯卧式跳高

当年女子跳高世界第 6 位。1965 年 9 月，在北京地区优秀运动员测验中，身材苗条的上海姑娘旋晓梅凭她良好的弹跳力和优美的俯卧式姿势，跳过了 1.81 米，打破了由吴浮山用剪式创造的 1.80 米的女子跳高全国纪录，并列为当年世界第 2 位。1965 年我国女子跳高有旋晓梅、郑凤荣、吴浮山、张晶莹、吴运新 5 名运动员进入当年世界前 10 位，其中有 2 名采用俯卧式。

1970 年 11 月 8 日在长沙举行的"国家集训队、广西、湖南代表队田径比赛"中，倪志钦跳过 2.29 米，打破了由苏联运动员布鲁梅尔 1963 年创造的 2.28 米的男子跳高世界纪录，为中国田径增添了光彩，也为中国俯卧式跳高创造了光辉。

2. 中国跳高再铸辉煌

（1）两种跳高姿势之争

1968 年，在墨西哥城举行的第 19 届奥运会上，美国运动员福斯贝里用背越式跳过 2.24 米，获得金牌。这种新颖和特殊的跳高姿势，立即引起人们的关注，并有不少运动员纷纷效仿。

进入 70 年代，奥地利女运动员古森鲍尔仍用俯卧式跳过 1.92 米，打破女子跳高的世界纪录。1972 年，保加利亚女运动员布拉戈耶娃也用俯卧式跳过 1.94 米创造了世界纪录。从 1974 年起，民主德国女运动员阿克曼同样用俯卧式连续跳过 1.95 米、1.96 米和 1.97 米，从而连续

福斯贝里

三次打破世界纪录，并在1977年8月，成功地跳过2.00米，成为世界上第一个用俯卧式跳过两米大关的女运动员。男子跳高，除了倪志钦用俯卧式跳过2.29米打破男子跳高世界纪录之外，美国运动员马茨道夫也用俯卧式跳过2.29米。此时俯卧式跳高仍旧保持着传统的魅力。

1973年7月美国运动员斯通斯采用背越式跳过2.30米，首次打破俯卧式跳高的世界纪录。到1976年8月，斯通斯又连续把世界纪录提高到2.31米和2.32米。斯通斯为他的同胞福斯贝里首创的背越式跳高，再次闪耀在跳高场上。

然而，苏联凭借雄厚的俯卧式跳高基础，1977年7月，18岁的年轻运动员亚辛科用俯卧式以2.33米的成绩，打破了斯通斯的世界纪录。1978年又跳过了2.34米，并在室内跳过2.35米。亚辛科的俯卧式跳高的天才表现，再次引起人们对背越式与俯卧式孰优孰劣的争论。

进入80年代，背越式跳高似星火燎原，发展神速。联邦德国运动员默根堡和波兰运动员弗绍瓦都用背越式跳过2.35米。1980年在莫斯科举行的奥运会上，民主德国运动员韦西格用背越式跳过2.36米，战胜了同场比赛的俯卧式运动员获得金牌，并创造了新的世界纪录。1983年8月，在芬兰赫尔辛基举行的第1届世界田径锦标赛上，共有71名运动员参加跳高项目，竟无一人采用俯卧式。

在1978年，意大利女运动员西梅奥妮运用背越式以2.01米的成绩打破俯卧式的世界纪录之后，女子背越式在跳高项目中也占领了绝对优势地位。

进入80年代，背越式充分显露出它的优越性，最后使俯卧式退出历史舞台，从而开创了背越式跳高的新时代。

我国早在 70 年代就引进了背越式跳高。但是在背越式与俯卧式世界交战之际，如何正确理解背越式跳高的实质，中国跳高界也经历了许多波折。

1975 年，美国田径队访华，曾经是跳高运动员斯通斯的教练坦斯利随队来华，并到上海讲学。他比较详细地分析了背越式跳高技术，介绍了斯通斯的跳高训练及其选择采用的训练手段和方法。坦斯利带来了背越式跳高技术和训练的最新信息，为中国跳高教练员深入了解背越式跳高上了生动的一课，给中国的跳高教练员留下了十分深刻的印象。但是，在分析背越式跳高起跳技术时，他提出"摆动腿的摆动作用在起跳中占 60%"的说法引起中国跳高教练员的极大关注。由于当时对背越式跳高技术还理解不深，因此对这种说法感到似对非对。然而，在这之后，全国范围内，却有不少有关背越式跳高技术分析的文章直接引用了这一"说法"。

1980 年，坦斯利第二次访华在上海讲学，中国跳高教练员请他就他在 1975 年访华讲学时提出的"背越式跳高起跳时，摆动腿的摆动作用占 60%"的说法做进一步分析说明时，他的解释使中国跳高教练员如梦惊醒。他说："背越式跳高起跳时，起跳腿蹬伸作用是主要的，应该占 80%，摆动动作的作用占 20%。在 20% 的摆动动作作用中，摆动腿摆动占 60%，两臂摆动占 40%。"

由此可以断定，所谓坦斯利提出的"背越式跳高起跳时，摆动腿摆动作用占 60%"的说法，原来是当时现场翻译的误翻。然而这个误译，在全国广泛流行开来，甚至流传至今，对中国跳高的训练产生了很多不利影响。

1976 年，17 岁的福建女运动员郑达真用背越式跳过 1.76 米的高度，接着 16 岁上海女运动员杨文琴也用背越式跳过 1.83 米，打破了俯卧式的女子跳高全国纪录，她们的出色表现，为中国背越式跳高开创了先例。

但是，中国的俯卧式与苏联一样，具有强大的传统基础，因此，传统的俯卧式技术的观点和训练体系，强烈地干扰着背越式跳高的训练。应该说，在郑达真和杨文琴的背越式跳高技术和训练中，都还保留有浓厚的俯卧式跳高传统观念。1976年底，在上海举行了"全国女子跳高集训"，很多教练员认为，这种带有传统的俯卧式技术特点的背越式技术，是适合我国运动员情况的跳高技术，从继承和发扬的角度去理解，甚至认为这可能是我国背越式跳高的技术风格。

（2）背越式跳高取得成绩

当时，还仅仅是上海市南市区少年体校跳高教练员的胡鸿飞，根据相关理论的学习和自己的实践经验，认识到背越式跳高技术的核心在于"速度"，不同于俯卧式在于"力量"。因此他确立了以"速度"为中心的训练指导思想，并在朱建华的跳高训练中取得了巨大成功。

广东跳高教练员胡锦江在蔡舒和葛萍的背越式跳高训练中，贯彻在加快助跑速度的基础上，强调助跑与起跳的迅速连贯结合，同时强调起跳时快速摆腿与起跳腿蹬伸的协调配合，充分发挥了广东运动员弹跳力好的特点，也取得了成功。

1982年12月，国家体委在上海举行了"朱建华跳高训练现场会"，1983年又在广东佛山举行了"蔡舒、葛萍跳高训练现场会"。两次训练现场会展示了胡鸿飞和胡锦江教练员背越式跳高训练的成功经验，使全国跳高教练员对背越式跳高的"速度"实质，以及彻底摆脱俯卧式跳高的传统观念的影响取得共识，从此，中国背越式跳高进入了新的发展时期。

1983年6月，在北京举行的第5届全运会跳高预赛中，朱建华成功地跳过2.37米，打破了民主德国运动员韦西格保持的2.36米的男子跳高世界纪录。

同年9月在上海虹口体育场进行的第5届全国运动会跳高决赛中，

朱建华第 2 次试跳越过了 2.38 米的高度，再次打破了世界纪录。

1984 年 6 月，在德国埃伯斯塔特举行的国际比赛中，他又以 2.39 米的成绩，第 3 次打破世界纪录。

进入 20 世纪 80 年代，我国女子跳高同样得到可喜的进步，郑达真从 1978 年起，连续打破女子跳高全国纪录，到 1982 年，她把全国纪录提高到 1.93 米。1985 年，杨文琴接连跳过 1.94 米、1.95 米和 1.96 米，连续 3 次打破女子跳高亚洲纪录。1989 年 5 月，北京体育学院学生金铃，凭借 1.83 米身高的良好身材条件和全面发展的身体素质，在日本静冈国际田径比赛中，跳过 1.97 米，不仅刷新亚洲纪录，并且进入当年女子跳高世界前 10 位的行列。

郑达真

（三）90 年代后的低谷期

20 世纪 90 年代之后，我国跳高项目逐渐失去优势，与世界水平拉开了距离。

1992 年日本和韩国运动员超过我国，使我国失去自 20 世纪 80 年代以来占有的亚洲领先地位。朱建华之后，还曾有 5 名运动员在 2.30 米以上的水平，刘运鹏（1989 年 2.30 米）、周忠革（1990 年 2.33 米、1998 年 2.30 米）、徐扬（1991 年 2.30 米、1993 年 2.31 米）、毕宏勇（1995 年 2.30 米）、牛健（1996 年 2.31 米）。然而，进入新世纪以来，男子跳高却徘徊在 2.24—2.28 米之间。

在女子跳高项目上，同样处于低谷，1992—1993 年，中国女子跳高还曾以 1.91 米和 1.94 米处于亚洲领先水平。到 1995 年却严重滑坡，最高成绩只有 1.85 米。同年，哈萨克斯坦运动员扎列夫斯卡娅跳过 1.96 米，名列亚洲首位。虽然金铃在 1996 年和 1997 年跳出 1.96 米的好成绩，但进入新世纪以来，女子跳高却徘徊在 1.88 米左右，仅有两名老运动员景雪竹和蒋海燕曾经达到 1.94 米的成绩。

究其原因，一是 80 年代出现的一批尖子运动员，如朱建华、郑达真、杨文琴、金铃等，随着她们年龄增长，运动成绩下降和退役，使我国跳高项目丧失了优势地位。二是少年儿童训练存在明显的成人化倾向，过早地强化专项训练，过分追求运动成绩，致使许多具有发展前途的少年运动员丧失运动潜力，使我国优秀跳高运动员后继乏人。

进入新世纪以后，随着国民体育运动的进一步发展，随着国力的强盛、科学技术的发展，中国体育界及所有热衷体育运动的国人都期待着中国在跳高这一项目上重现辉煌。

跳远运动的历史发展

人类利用跳远运动来锻炼体魄、进行竞赛，至少已有二千六百多年的历史。跳远是最古老的田径跳跃项目之一跳远运动一开始就是奥运会的比赛项目，可以说跳远运动的发展史，也明显地伴随并反映着奥林匹克运动会的发展历史。

一、古代跳远运动

古代跳远运动随古代奥运会的兴起、发展、消亡而兴起。发展和消亡。古代奥运会从兴起到消亡，历时 1170 年，共举行过 293 届，可分为五个阶段。第一阶段自公元前 776 年至公元前 720 年；称为埃拉多斯阶段。第二阶段自公元前 720 年至公元前 570 年，称为斯巴达人阶段。第三阶段自公元前 576 年至公元前 338 年，称为全希腊阶段。第四阶没自公元前 338 年至公元前 146 年，称为马其顿阶段。第五阶段自公元前 146 年至 394 年，称为古罗马阶段。

据古代奥运会比赛项目的演变资料记载，在古代奥运会的第二阶段，公元前 708 年，古奥运会增设了摔跤和五项（铁饼、标枪、192.27 米赛跑、摔跤和跳远）。在五项中的跳远是立定跳远，可以认为立定跳远的形式先在奥运会成为正式比赛项，这也可以被认为是作为比赛的跳远项目的最初起源。当时立定跳远的方法，同现在的立定跳远相似，但有所不同的是运动员手里要拿石块或金属重物。石块或金属重物的重量在 1.07 至 4.63 公斤。手持重物的目的有二个：一是为了增加跳的远度。二是为了保持运动员能稳定的落地。

古代跳远

公元前 648 年，古奥运会的比赛项目又增设了助跑跳远比赛和混合拳击。这时的跳远作为单项出现，运动形式由手持重物的立定跳远演变成手持重物的助跑跳远，手持重物的重量 1—10 公斤，称之为急行跳远，简称跳远。这时的跳远比赛，开始有简单的规则：有一条起跳线，规定运动员在起跳线的后面起跳。跳远的成绩是从起跳点到落地点的距离，由裁判员用脚丈量测定。这就形成了所谓的古代跳远。这种古代跳远比赛，一直延续到 394 年古代奥运会的消亡而绝迹。

二、现代跳远运动

古代跳远的比赛，虽然随着古奥运会的消亡而绝迹，但跳远运动作为锻炼体魄的手段、方法，依然存在于人类文化生活中，并不断地有所变化和发展，乃至形成现代的跳远运动。

现代的跳远运动，随着现代奥运会的兴起、发展而发展，现代奥运会，从 1896 年在希腊首都雅典举行第一届奥运会以来，至今已举行过 30 届，有 120 余年的历史。在这 120 余年中，跳远运动的技术运动成绩和训练方法等方面都相应的变化和发展。大致经历了三个阶段：1896 年—1936 年的自然发展阶段，1936 年—1968 年的跳远技术兴盛阶段，1968 年—1986 年的系统科学训练阶段。

（一）自然发展阶段（1896—1936 年）

这个阶段的基本特点是：

（1）人们在跳远运动的实践中，通过直接观察，运用直觉的综合一演绎的思辩，获得了对跳远运动的总体认识。但由于时代及知识所限，认识水平不高，对跳远的内在规律和各部分的细节，了解的不很清楚，带有浓厚的经验性，未能形成完全的系统理论。那时人们认识、掌握、利用跳远运动的能力尚有很大的局限性，处于自然发展状态和积累经验的过程中。

（2）跳远运动技术是一统天下的蹲踞式跳远。这种蹲踞式跳远技术，是人们日常生活中，在跑动跳跃动作中自然发展出来的技术，简单、易学，相当实用，为当时世界各国优秀跳远运动员所采用，如本阶段历次跳远世界纪录创造者（除日本的商部忠平用挺身式外）几乎全采用蹲踞式跳远技术，可谓蹲踞式跳远技术盛世时期。

（3）跳远运动成绩的提高，主要依靠人生来就固有未经过专门训练的、天赋的自然运动能力。正由于此，所以本阶段的跳远运动成绩，增长缓慢，提高的幅度不大。从 1901 年，英国跳远运动员奥康诺尔以 7.61 米的成绩创造第一个男子跳远世界纪录，到 1935 年美国运动员欧文斯创造的 8.13 米跳远世界纪录，用了整整 34 年的努力奋斗，才把纪录提高了 52 厘米，平均每年提高 1.53 厘米。然而尽管成绩增长缓慢，但当年创造跳远世界纪录者所表现出的天赋的自然运动能力却是十分惊人的。如当年有黑色炮弹之称的欧文斯，1935年22岁时创造的8.13米的世界纪录，整整保持了四分之一世纪之久。他在1936年奥运会上，一举夺得四枚金牌，以非凡的运动成绩名垂体育史册，被人们称誉为奥林匹克运动最伟大的运动员之一。

（4）女子跳远尚未成为奥运会的比赛项目，但日本运动员人见娟枝，已于1928年5月20日创造出5.98米的成绩，并被国际田联承认为女子跳远世界纪录。

（二）跳远技术兴盛阶段（1936—1968年）

自1935年欧文斯突破8米大关，创造出8.13米的世界纪录后，世界各国对跳远运动引起极大的关注。人们开始对跳远运动进行深入、系统的研究，兴起了技术革新的高潮。各种新型技术，如挺身式跳远技术、二步半走步式跳远技术、三步半走步式跳远技术、挺走相兼技术相继出现，并迅速在此世界各国传播，形成了跳远技术的全盛时期。这一时期的特点是：

（1）人们在跳远的实践中，运用物理学、解剖学、生物力学、运动生理学等来观察、分析跳远运动的内在规律、跳远：运动技求的各个环节，进行纵向的深入研究，获得了对跳远运动的总体认识。由于对技术各部分的细节有了比较清楚的认识，从而形成了较完整的跳远理论体系。人们认识、掌握、利用跳远运动的能力不断扩大、提高，向着纵深方向发展。

（2）跳远技术开始有分解技术与完整技术的教学、训练方法。跳远运动技术的各个环节，如助跑、起跳、腾空、落地等技术不断得到改造和提高，日趋完善，并形成各种技术风格，并且公认跳远最关键最重要的技术是快速助跑与起跳相结合技术，而走步式腾空落地动作是最合理的腾空落地技术。

（3）跳远运动成绩的提离，主要依靠跳远技术的改进和有目的、有计划的系统训练。在这种训练思想的指导之下，跳远运动员天赋的自然运动能力得到了更充分的开发。所以在这一时期内，跳远运动成绩大幅度提高。从1935年欧文斯的8.13米到1968年比蒙的8.90米，历时33年，提高77厘米，平均每年提高2.33厘米，年平均提高率比第一阶段多一倍。而且具有天赋自然运动能力的运动员所创造的成绩更为惊人，如比蒙创造出的8.90米的世界记录，就被世人称为"进入下一世纪的一跳"。

（4）女子跳远开始兴起。并在本阶段的1948年列为奥运会正式比赛项目。所以女子跳远运动得到迅速发展，跳远运动成绩提高很快，在1939年德围运动员舒尔茨创造6.12米的世界纪录后，到1968年罗马尼亚运动员维斯科布良努创造6.82米世界纪录的29年中，女子跳远成绩提高60厘米，平均每年提高2.32厘米。年平均的提高率，比本阶段男子的提高率还快。

（三）系统科学训练阶段（1968年至今）

这一时期，科学技术革命的浪潮席卷全球，冲击着各个领域，各门学科在继续分化的同时，彼此渗透。系统科学的系统论、信息论、控制论及电子学不断地渗入体育科学，运用于体育竞技项目的教学与训练，进入了系统科学训练的新时代。跳远运动也不例外，富有系统科学训练的时代特征，并表现出以下的特点：

（1）人们运用多学科的理论，从横向综合的角度来认识，研究跳远训练的内在规律，进行系统科学的训练，更深入、更有效地开发、挖掘运动员自身的潜在力。

（2）跳远运动的技术原理和技术，没有什么大的突破和改变，但跳远技术的性能，日益朝着高速度、高强度的方向发展，这也迫使人们努力寻求提高助跑速度起跳速度和跳远动作速度的有效方法和途径。

跳远运动成绩，在世界范围内，普遍的、大面积的提高，有不少国家涌现出一批突破 8 米大关的运动员。世界水平优秀运动员的跳远成绩，要比前两个阶段高得多，目前已达到历史上前所未有的高峰，比蒙的世界纪录保持了 23 年，终于在 1991 年被美国选手迈克·鲍威尔以 8.95 米的成绩打破，时至今日，冲破 9 米大关也并非不可能的任务。

（3）男女跳远相比较，女子跳远发展得更快，女子跳远技术日趋男子化，女子跳远成绩迅猛增长，自 1978 年苏联运动员巴尔道斯克涅，第一个突破 7 米大关，创造 7.07 米的世界纪录后，女子跳远世界纪录不断刷新。1986 年东德运动员德雷克斯勒创造了 7.45 米的世界纪录。到 1986 年底，全世界就已有二十多名运动员突破 7 米大关，当年的第 20 名成绩已达 7.02 米。1988 年 6 月 11 日，俄罗斯的奇斯加科娃在列宁格勒以 7.52 米的惊人成绩打破了 7.45 米的女子跳远世界纪录，成为有史以来第一个突破女子跳远 7.50 米大关的运动员。

三、我国的跳远运动

（一）中国早期的跳远项目概况

解放前中国第 1 届运动会就设立了男子跳远项目，上海潘文炳跳了 19 英尺 5 英寸（约为 5.918 米）的成绩。1930 年第 4 届全运会首次设立女子跳远项目，哈尔滨运动员吴梅仙获得第 1 名，成绩是 4.00 米。

新中国建立以前，由于时代的局限，中国运动员跳远成绩比较落后，仅在学校有限的体育课中略有介绍和练习，没有专门的跳远训练队伍。虽在一些高等学校和教会学校每年所举行的运动会上都有跳远项目的比赛，但水平很低。1948 年第 7 届全国运动会郝春德以 6.91 米的成绩创造了旧中国男子跳远的全国纪录，女子运动员邓银娇创造了 5.06 米的女子跳远全国纪录。而当时的日本，男子跳远成绩已经达到 7.98

米，女子跳远已经达到 5.98 米，曾在世界上称雄一时，在亚洲的跳远界始终处于统治地位。

那时有一位王士林先生被誉为"中国跳王"，曾经在全国比赛中夺得男子跳远、三级跳远两个项目冠军。他生于 1912 年，吉林省吉林市人，在东北上中学时就展现出了非凡的跳跃能力，以后进入北京体育专科学校，1936 年他代表中国参加了第 11 届柏林奥运会。1937 年开始担任教师，从事跳跃项目的教学与训练工作。新中国成立后他一直工作在教学训练的第一线，在当时的北京体育学院担任田径学科的教授，曾经指导多名研究生完成学业，为中国的体育事业作出了卓越的贡献。1988 年，他从教五十余年时，国家体委授予他体育运动荣誉奖章。

（二）新中国跳远项目的发展

1. 新中国成立初期的跳远项目

新中国体育事业蓬勃发展，跳远项目也随之取得了长足的进步。体育活动和田径训练首先在部队开展起来，以各大军区、兵种为主举行了各种运动会，选拔了一批优秀选手，同时也推动了我国体育运动的开展。与此同时，一些高等院校在体育运动方面也制订了一定的比赛制度，举行了一些小规模的运动会，各学校也有了一些体育业余爱好者，他们为参加学校的比赛进行一定的业余训练。

为了适应一些外交活动的需要，我国派出体育代表团参加在苏联、捷克斯洛伐克等国家举行的社会主义国家间的友好比赛。为了组建国家队，由贺龙领导的国家体育运动委员会便从这些学生业余运动员和在解放军选拔出来的运动员中挑选优秀选手组建了国家队。这批运动员在新中国诞生初期成为国家代表队的新生力量，参加了在国外举行的社会主义友好国家之间的访问比赛。在这些运动员的努力下，新中国跳远项目开始了新的历程。

解放军运动员是当时运动员中的主要力量，他们在训练中把军队严格的军事训练作风带到了田径训练场，把训练当成了"练兵"，刻苦的训练使他们的运动成绩大幅度提高，并取得丰硕的成果。1953年解放军运动员高树贵以6.93米的成绩刷新了解放前中国的男子跳远纪录。1955年，解放军选手杨玉敏以5.18米的成绩打破旧中国的女子跳远纪录，并连续于1956年、1957年创造了5.45米、5.54米的全国纪录。在那一时期，我国的跳远运动发展得很快。

2. 中国的跳远运动员冲出亚洲

1955年，苏联一些知名的田径专家来到中国，以他们研究多年的体育专业理论和训练方法指导新中国的跳远训练，在他们的科学指导下，运动员刻苦训练，中国的跳远项目进入了破纪录的高潮时期。

1956年，张启山以7.25米的成绩刷新了男子跳远的全国纪录，成为中国第一个跳过7米的运动员，后来，他又创造了7.53米的全国纪录。随后，四川女运动员刘兴玉在50年代中后期，先后刷新了全国纪录：1958年，她以5.83米创造新的全国女子跳远纪录，并连续在1960年、1961年以5.90米、5.95米的成绩创造了全国女子跳远新纪录，一步一步逼近了日本运动员创造的5.98米的亚洲纪录。这是我国男女跳远从起步到逐渐接近世界水平的开始阶段。

进入60年代后，我国体育运动训练提出了"从难、从严、从实战出发，大运动量训练"的口号，我国跳远运动员奋力拼搏，冲出了亚洲，进入了世界先进水平行列。

1964年，江西省优秀女子跳远运动员肖洁萍通过严格的大运动量训练，身体素质和技术水平都得到了较大幅度的提高，当年她跳出了6.44米的成绩，列在当年世界第4位，把中国和亚洲的女子跳远成绩提高到了世界水平。此后，上海运动员康樾莉跳出了6.43米的成绩，也进入了世界前10名。她们所取得的成绩，标志着我国女子跳远达到世界水平的第一次高峰。

这个时期，我国男子跳远运动员邓力行以7.54米、黄智梧以7.68

米和7.72米先后改写了全国纪录，提高了我国男子跳远运动水平，缩短了与世界水平的差距。尔后由于历史的原因，中国的跳远运动出现了停滞状态。

3. 20世纪80年代后中国跳远的腾飞

70年代初，中国的田径运动训练开始恢复，跳远运动员在过去取得成绩和经验的基础上继续发挥出中国人在这个项目上特有的优势，经过短短几年的训练，很快就多次改写全国和

刘玉煌

亚洲纪录，使跳远项目重新成为中国田径运动的"拳头"项目。

国家集训队跳远教练齐祖谭从事跳远训练工作多年，他经历了新中

劳剑锋

国诞生后国家体育兴旺发展、竞技运动水平快速提高的大运动量训练的年代，有着丰富的指导经验。经过总结，他提出了新的训练思路，在他的指导下，1980年我国优秀跳远运动员刘玉煌以8.11米的成绩创造了新的亚洲纪录，成为中国第一个突破8米大关的跳远运动员。

90年代后，在新一代跳远教练冯树勇等人的带领下，我国又涌现出陈尊荣、黄庚、劳剑锋等一批优秀运动员。陈尊荣先后以8.23米、8.26米、8.36米，黄庚以8.38米，劳剑峰以

8.40 米先后创造了新的全国和亚洲男子跳远纪录。不久，姚伟丽创造了 7.01 米的全国和亚洲女子跳远纪录。这些优秀运动员的出现，使中国跳远再次进入了世界先进行列，标志着中国跳远走出了历史的低谷期，第二次达到世界水平的高峰。从这些优秀运动员出现以后，亚洲跳远最高水平的桂冠就一直由我国运动员保持着。

经过多年努力，中国男女跳远运动员的成绩进入了世界先进水平行列。自 80 年代以来，中国一直保持着亚洲的男女跳远纪录，并在世界田径锦标赛和奥运会上获得了男子跳远第八名，使中国的跳远能够在世界大赛中获得一席之地。

（三）中国跳远理论的发展与研究

1. 从苏联引进的跳远技术与训练理论

1955 年中国聘请了一批苏联田径专家，跳远也是专家指导的重点项目之一。苏联优秀男子跳远运动员奥瓦涅相曾经创造了 8.31 米的世界纪录，他们在跳远训练中积累了较丰富的经验。在苏联专家的指导下，中国的跳远项目开始了系统的基础训练。这一时期，专家要求中国运动员以全面发展、打好基础、逐步提高专项运动成绩的思想为指导，突出大力量训练，并按照他们的理论和经验制订了各项身体素质指标模型，要求运动员在提高专项成绩的同时必须首先达到这些身体素质指标。

苏联专家在指导我国跳远训练时带来了他们成功的经验和理论，也带来了他们的体育运动教科书。他们提出，速度是跳远的第一要素，要想跳得远，首先必须提高运动员的速度。因此，短跑训练成为跳远运动员的主要训练任务。专家指出，跳远需要速度，但是如果用全速助跑去跳远，速度太快，运动员来不及做出起跳动作就跑过了起跳板。为此，必须在跳远助跑的最后几步对速度有所控制，因此提出在"可控速度"下完成起跳的理论。并且在苏联专家的指导下，为了提高我国运动员速度不足的缺陷，提出在上板前最后一步时要缩短步长 20 厘米左右，以利于充分利用速度，最大限度地降低速度损失率的理论。这些理论，多年来一直成为我国跳远助跑训练的指导思想，影响着我国几代跳远运动员。

在全面训练、打好基础的训练思想指导下，中国跳远运动员经过了一定时期的基础训练，身体素质水平有了较大幅度的提高。同时，在专家的技术指导下，我国运动员的跳远技术水平也有了长足的进步。这一时期，解放军队的高树贵和张启山先后多次打破男子跳远的全国纪录，四川女运动员刘兴玉也多次刷新全国纪录，训练收到了明显的效果。

2. 中国跳远运动员突出"三从一大"的训练

进入 60 年代以后，苏联专家陆续回国，中国的跳远运动开始了边学习边摸索和培养自己的教练员指导跳远训练的尝试。

当时，提出了"从难、从严、从实战出发，大运动量训练"的口号，我国的跳远训练在全面发展、打好基础的同时，开始尝试着突出大运动量的训练。随着从难、从严的要求，训练的质量得到提高，涌现出了黄智梧、肖洁萍、康樾莉等一批优秀运动员。黄智梧连续两次打破男子跳远全国纪录，将中国男子跳远纪录提高到 7.72 米。女运动员肖洁萍以 6.44 米的成绩列当年世界第 4 位，康樾莉也跳出了 6.43 米的好成绩。这一阶段取得的成绩使中国女子运动员第一次进入了世界优秀运动员行列，极大地鼓舞了我国的跳远运动员，增强了他们继续攀登世界田径高峰的决心。这一成绩也表明了中国跳远运动员有能力、有机会在世界比赛中崭露头角。同时也改变了过去一直认为跳远是欧美国家的运动员才能取得较好成绩的体能类技术项目，中国人在这一方面先天不足，难以达到世界水平的观点。这一时期的训练和所取得的成绩也为以后跳远的蓬勃发展奠定了良好的基础。

1973 年前后我国逐步恢复各个运动项目的训练，田径运动的训练也开始复苏，这一时期跳远训练尝试着继续加大运动量的训练，被称为

"超大运动量训练阶段"。

在加大运动量的思想指导下，有一些优秀跳远运动员都出现了这种现象：身体素质提高了，但是专项成绩却没有提高。此外，一些运动员在超大运动量训练中出现了运动性血尿、运动性贫血、过度训练的症状，甚至一些运动员在感冒发烧未能痊愈的情况下坚持大运动量训练，导致心肌炎发生的现象也屡见不鲜。在大运动量训练中出现的这些问题，引起了教练员和科研人员的思考。

3. "三快、三高"技术训练理论的认识、研究与发展

1982 年，国家集训队齐祖谭教练提出跳远训练的"三快、三高"。"三快"，是指助跑速度快、起跳上板快、完成起跳动作快；"三高"，是指高重心、高支撑、高频率。

中国的跳远训练在大运动量训练取得成功以后，继续加大运动负荷量，以期望取得更大的成绩，可是结果却导致了运动成绩的下滑，运动员身体素质的下降。

通过实践分析和讨论，跳远教练员认识到，运动负荷量的大小对运动员而言是相对的，不应该是无限的。不能在运动量方面一味地追求"超大运动量训练"。跳远项目有其自身的特点，不应该在训练的时间上、训练的数量上追求大运动量，而应该在跳远自身的特点上做文章。我国优秀跳远教练员冯树勇曾经在给教练员的讲课中告诫说："跳远只是一项 5 秒钟的运动！""谁在 5 秒钟里能够发挥出自己最大的体能和最好的技术，谁就能够取得胜利。"

科研人员和教练员通过讨论和分析后一致认识到，跳远训练应该紧紧围绕着如何在 5 秒钟里发挥最好的技术水平来训练，而不应该是单纯追求大运动量的马拉松式的跳远训练。单纯追求数量，像马拉松式的跳远训练只会使运动员练得疲疲塌塌，不仅影响肌肉的爆发力，全身动作用力不集中，而且还会造成运动员过度疲劳和伤病，达不到应有的训练效果。

在中国跳远教练员及时总结成功和失败的经验教训后，著名教练齐祖谭提出："跳远训练应针对不同的运动员采取不同的要求。我国和亚洲的跳远运动员，具有身体轻、灵活和协调性好的素质，是开展跳远的有利条件。我们要充分利用这些素质条件。"在这种理论思想指导下，中国的跳远开始了如何充分发挥自身优势的探讨。

在世界跳远的训练方面，苏联的跳远运动员非常重视力量训练，他们体现出的特点是力量大，身体素质发展全面。美国的跳远运动员体现出的特点是速度快，跳跃能力强。他们都曾创造过世界纪录。中国的跳远训练曾学习苏联的训练方法，取得了一定的进步。但是，因中国跳远运动员的身体条件普遍比较轻巧，如果走大力量训练的路，运动员的力量水平最终不可能达到苏联运动员那么高；如走速度训练的路，速度水平在较长的时期内也不可能达到美国运动员那种世界第一的速度水平。因此，单纯模仿苏美的训练方法，中国的跳远训练是很难赶上世界先进水平的。

中国的跳远教练员和科研人员通过认真的总结和讨论认识到：只有在借鉴世界优秀运动员成功的训练经验后，创出适合中国运动员自身特点的训练方法，才能够尽快赶上世界先进水平。思想认识清楚了，中国的跳远训练开始了有针对性的、合乎实际情况的安排运动负荷量的训练阶段，80年代以后训练负荷量明显减少，但是对强度要求比任何时候都高。这正是现代田径训练的特点，即"少吃多餐"，加大技术练习的强度，增加技术练习的课次，造成训练情况、条件、气氛接近比赛的实际，使运动员的训练接近比赛。运动员在训练中技术水平的提高能够直接用于比赛中，不需要其他形式的转化。有的教练员的技术训练课有时甚至仅安排全程助跑跳远8～10次，达到最大强度练习目的后就接着转换其他练习。不单纯强调大运动量训练和大力量训练，也不是一味地追求单纯的速度训练，而是根据实际情况合理安排训练负荷量，讲究练习的质量和效果。这一训练安排的结果，使中国跳远技术水平提高很快，男女跳远在很短的时间内都进入了世界先进水平的行列。

我国的跳远运动员身材不高，但体态轻巧，具有良好的协调性和灵活性。若能发挥出这一优势，会体现出较好的跳远技术动作。女子跳远运动员肖洁萍曾经以这一突出的优势，成为了世界优秀运动员。她做教练员以后，十分注意培养和发展运动员的这一技术特点。她指导的女子优秀跳远运动员廖文芬身体轻、力量小，速度水平不是很高，体质也不是太好，经不起大运动量的训练。但是，廖文芬的助跑起跳技术连接自然合理，起跳比较轻快。为了很好地发挥她的优点，肖洁萍教练安排训练时没有按常规的大运动负荷量去进行，也没有按力量差就先抓力量训练，在力量素质提高的基础之上抓速度，等基础打好了再努力提高技术水平，而是突出她的轻巧灵活、起跳好的特点，狠抓了她的助跑和起跳的衔接，不断改进她的助跑技术，使她有限的速度能够充分地用在跳远上。在这种更为合理的训练下，她在 1984 年连续以 6.47 米、6.57 米的成绩打破了肖洁萍保持 19 年的全国纪录，并开创了适合中国运动员自身特点的训练道路。

廖文芬创造的纪录仅仅保持了一年，黄东活就以 6.65 米的成绩创造了新的亚洲和全国纪录。尔后王智惠、熊其英、刘淑珍、姚伟丽等接连打破全国纪录，在短短的十年间，将中国女子跳远水平提高到 7.01 米，进入了世界先进水平行列。

根据中国跳远运动员多年的训练，齐祖谭教练在 1982 年总结出中国跳远训练要突出"三快"技术特点，即"助跑快（助跑速度和节奏快）、起跳上板快、完成起跳动作快"。这样可以最大限度地利用中国运动员有限的速度水平。

经过教练员和科研人员的反复讨论和研究，认识到传统的跳远理论是根据世界优秀运动员的技术数据分析研究提出来的。传统理论认为，助跑速度太快不利于完成起跳动作，因此提出用可以控制的速度去完成起跳，称之为"可控速度"。在这种理论思想指导下，世界优秀跳远运动员在助跑中对速度有所控制，不可能达到自己的最高速度，速度利用率一般在90%～92%。中国运动员的速度水平基础低，如果再控制速度，速度水平将会更低。在这样低水平的速度中要想跳出好成绩几乎是不可能的。因此，中国的跳远教练员和科研人员提出加快助跑速度，打破可控速度理论的束缚，以尽量不减速的方式去发挥已达到的助跑速度，提高利用率，以此缩短与世界优秀跳远运动员的速度差距。在这种新的理论指导下，科研人员王清进行了大量的追踪调查和比赛调研，他和教练员一起探讨中国跳远运动员提高助跑速度的各种可能性。

经过几年实践训练，中国优秀跳远运动员的助跑速度有了明显提高，部分男子运动员从助跑最后10米的速度为每秒9.8～10米提高到每秒10.50米左右，其中庞岩、陈尊荣、黄庚的最后几步助跑速度都达到了每秒10.70米，几乎和比蒙创造世界纪录时的助跑速度基本相同。通过努力，中国跳远运动员不仅助跑速度有了明显提高，而且助跑速度的利用率达到了98%左右，缩短了与世界优秀运动员在跳远中的速度差距。

中国的跳远训练强调"三快"技术训练之后，助跑速度、腾起初速度、腾起水平速度等与世界优秀运动员的差距缩小，跳远水平也随之有了显著提高。

与此同时，教练员和科研人员根据以往的训练实践分析发现，要提高跳远成绩，仅仅靠在助跑起跳时突出快"还不够。齐祖谭提出"要想与快速助跑、快速起跳相适应，就必须突出最后助跑中高重心、高支撑、高频率，才能与快速助跑、完成快速起跳配合起来"。

我国优秀运动员刘玉煌在齐祖谭教练"三快"训练思想指导下，20世纪80年代初期终于以8.11米的成绩创造了新的亚洲纪录，成为中国第一个跳过8米的男子优秀跳远运动员。女运动员刘淑珍在臧长虹教练的指导下，突出快速助跑、快速起跳后，很快将全国纪录和亚洲纪录提高到6.92米，使我国女子跳远自肖洁萍之后再次达到了世界水平。

冯树勇教练指导陈尊荣突出"三快、三高"的技术训练，使中国跳远达到了 8.36 米的世界水平。

"三快、三高"的技术训练理论和思想是中国教练员训练经验的结晶，在这一理论指导下的我国跳远训练，有效地缩短了中国运动员与国外优秀运动员的助跑速度差距，使中国的跳远技术水平得到较大幅度的提高，可以说"三快、三高"的技术训练理论和思想是中国跳远训练成绩大幅度提高的主要特征之一。

传统的跳远技术理论表明，由于跳远起跳时助跑的水平速度快，人体在起跳离地瞬间的身体重心与落地点不在一个水平面上，并受人体形态条件的某些限制，人在跳远中的腾起角不可能达到抛射运动理论中最大远度时 45 度的抛射角度，理论上应在 $18° \sim 22°$。根据这一点，过去的人们一直理解为跳远的腾起角度在 20 度左右就基本可以了，所以，多年来跳远的训练一直围绕着助跑速度和快速起跳技术来训练，对腾起角度的提高不是十分重视。世界优秀跳远运动员比蒙打破世界纪录时把腾起角度提高到 24 度以上，经过科研人员的研究认为，如果能够很好地发挥垂直速度，跳远的腾起角度可以达到 $25° \sim 26°$。国家集训队教练冯树勇根据新的认识提出自己的看法：中国跳远运动员身体轻，弹跳力好，但速度差，应在提高速度的同时，努力提高腾起的垂直速度和腾起角度，以充分发挥弹跳好的特点，弥补水平速度的不足。他在训练我国优秀跳远运动员陈尊荣的几年里，一直把不断提高腾起角度、腾起垂直速度作为一个重要任务抓，使训练取得良好的效果。

陈尊荣身高只有 1.76 米，体重仅

陈尊荣

63 千克，速度和力量水平都不突出，但是他的弹跳力十分出众。教练员在努力发展他的速度和力量的同时，不断对他的助跑起跳技术进行改进，使他的水平速度和腾起角度都有了提高。当他的腾起角度从 18.9 度提高到 23.6 度，腾起垂直速度从每秒 3.30 米提高到每秒 4.00 米，达到了世界优秀跳远运动员的腾起垂直速度、腾起速度水平时，他也进入了世界前 10 名优秀运动员的行列。

跳高运动的现状

　　我国跳高项目，20 世纪 90 年代跌入低谷，然而世界跳高项目的现状同样存在徘徊现象，自 1995 年古巴的索托马约尔跳过 2.45 米和 1987 年保加利亚的科斯塔迪诺娃跳过 2.09 米，创造了男女跳高世界纪录，至今无人能够接近和超越。近十多年来，世界跳高的最高成绩，男子在 2.35 米左右，女子在 2.00 米左右徘徊。

　　背越式跳高经历 80 年代盛势发展，运动成绩迅速提高。之后，却是处在稳定发展时期，其再次突破，有待于对它的进一步深入认识和探究。

　　进入 21 世纪，新一代跳高教练员正在逐渐成长，同时，随着背越式跳高技术本身的迅速发展，对其具有的"快速"特点，应如何更深入的理解，都需要新一代跳高教练员和运动员进一步的思索和研究。

　　为此，加强学习和研究，不断提高跳高教练员的业务水平，在现有成功经验的基础上，深入探讨跳高项目的制胜规律，进一步开发提高跳高运动成绩的新途径，是 21 世纪跳高运动继续发展的重要条件。

跳远运动的现状

　　跳远如今在世界各地流行很广，也是少年儿童最喜欢的一种体育活动。自从前苏联的加琳娜·奇斯佳科娃（Galina Chistyakova）1988年创造出7.52米的女子跳远世界纪录、美国的迈克·鲍威尔（Mike Powell）在1991年第三届世界田径锦标赛尔创造的8.95米的男子跳远世界纪录以后，至今已经20余年，世界各国的科学家、教训员和运动员都还在继续探索更好的技术，希望能创造出更好的成绩，但由于目前的世界纪录相较过去的成绩已经是越来越接近人体的极限，如果在技术上没有更好的突破，那么除非有更为优秀的跳远天才出现，否则的话，尽管作为整体跳远的水平虽然在不断的提高，但短时期内打破现有世界纪录似乎还有一定难度。但话说回来，正如一句知名体育用品的广告语所说："没有什么是不可能的。"进入21世纪以来，科学技术不断取得进步，尽管世界纪录依然牢不可破，但突破的力量也在慢慢酝酿。

PART 4 竞赛规则

田径比赛通则

田径竞赛规则是裁判工作的执法依据，它保证了参赛者在规则范围内进行公平竞争，裁判员必须掌握规则。

着鞋

运动员可以赤脚、单脚或双脚穿鞋参加比赛。钉鞋鞋钉规定：4、9、12、25毫米，11枚，1条绑带。

号码

参加比赛的运动员必须佩戴号码，否则不得参加比赛。号码布分：前后大号码、小号码、体侧号码。跳高、撑竿跳高运动员允许带1块号码。

跳高钉鞋

兼项

如果一名运动员同时参加一项径赛和一项田赛，或同时参加多项田赛而这些项目又同时举行比赛时，有关裁判长每次可以允许该运动员在某一轮比赛中，或在跳高或撑竿跳高的每轮次试跳中，以不同于赛前抽签的顺序进行试跳（掷），如果某运动员后来又决定不参加试跳（掷），或轮到其试跳（掷）时不在场，一旦该次试跳（掷）已错过，应视其为免跳。

帮助

任何参赛运动员在比赛中不得提供或接受帮助，如伴跑或技术指导等。

1. 下列情况不被认为是提供帮助：

（1）运动员与其教练员在比赛区域外进行交流。为了便于这种交流，并且不干扰比赛进行，在靠近每一项田赛比赛地点最近的看台上，应给该项参赛运动员的教练员保留座位。

（2）可在比赛区域对运动员进行必要的医学检查，治疗和/或理疗，以便运动员能够参加或继续参加比赛。此类医学检查．治疗和/或理疗可由组委会任命的佩戴袖标或背心，或身着其他明显服装的医务官在比赛区域进行，也可由注册随队医务人员经医务代表或技术代表的专门批准，在比赛区域外的医务治疗区进行。但不得延误比赛的进程或该运动员按既定的顺序进行试跳或试掷。一旦运动员离开检录处，无论是在比赛中或是比赛开始前，其他任何人对运动员进行此类护理或治疗，均被认为是对运动员提供帮助。

2. 下列情况应被认为是给运动员提供帮助，应该禁止：

（1）在赛跑或竞走比赛中，由非参赛者、已被超圈者或将被超圈者提供速度分配帮助，或使用其他任何技术设备的。

（2）运动员在比赛场内拥有或使用录像机、盒式录音机、收音机、CD机、无线通信机、移动电话或类似装置。

有关裁判长应对在比赛中，在比赛区域内提供或接受帮助的任何运动员给予警告，并告戒他如重犯将取消其该项目的比赛资格。如果运动员随后在该项目中被取消比赛资格，那么他在该项目该轮次中取得的成绩被视为无效。但此前取得的成绩被视为有效。

丈量单位

任何田赛项目成绩丈量，应以 1 厘米为单位，如丈量的距离不足 1 厘米不计。在跳高、撑竿跳高中，全部丈量应从地面垂直丈量到横杆上沿的最低点。

名次判定和成绩相等时的名次判定

1. 田赛远度项目

比赛以 6 次试跳或试掷中最好的 1 次成绩作为个人的最高成绩（包括第 1 名成绩相等决定名次赛时的成绩），然后以各运动员的最高成绩排列名次。

田赛远度项目中，如成绩相等，应以其次优成绩判定名次。如次优成绩仍相等，则以第三较优成绩判定，余类推。如仍相等，并涉及第 1 名者，则令成绩相等的运动员，按原比赛顺序，进行新的一轮试跳（掷）直到决出名次为止。

2. 田赛高度项目

比赛以每名运动员最后试跳成功的高度（包括第 1 名成绩相等决定名次赛的成绩）作为最后决定成绩，然后排列名次。

田赛高度项目成绩相等时采用如下方法处理：

（1）在出现成绩相等的高度中，试跳次数较少者名次列前。

（2）如成绩仍然相等，在包括最后跳过的高度在内的全赛中，试跳失败次数较少者名次列前。

（3）如成绩仍然相等并涉及第 1 名时，则令成绩相等的运动员在其共同失败的高度上或在失败高度中的最低高度上（在免跳情况下），每人再试跳 1 次。如仍不能判定则横杆应升高或降低，跳高为 2 厘米，撑竿跳高为5厘米。他们应在每个高度上试跳1次，直到决出名次为止。决定名次的试跳，有关运动员必须参加。涉及其他名次时，成绩相等的运动员名次并列。

3. 全能运动比赛

以运动员全部项目得分的总和排列名次。

全能运动比赛如总分相等时，应以单项得分高的项目较多者名次列前。如仍不能判定时，则以任何一个单项得分最高者为优胜。

抗议

对运动员参加比赛资格提出抗议，应在大会开始前向仲裁委员会提出。倘无仲裁委员会，则向总裁判长提出。抗议涉及一个项目的成绩或执行问题应在该成绩正式宣告后的 30 分钟内向仲裁委员会提出书面抗议。

创记录

在田径比赛中，同轮次多人创记录均承认。

跳高竞赛规则

时限

裁判员通知运动员一切准备就绪，试跳开始，该次试跳的时限，应从这一瞬间算起。一般不应超过下列时限：

单项和全能项目时限表 （单位：分钟）

仍在参赛的运动员人数	单项			全能		
	跳高	撑竿跳高	其它项目	跳高	撑竿跳高	其它项目
3 人以上	1	1	1	1	1	1
2－3 人	1.5	2	1	1.5	2	1
1 人	3	5		2 *	3 *	
连续试跳	2	3	2	2	3	2

＊此处给予的试跳时间，只有当只剩一名运动员，而且之前的一次的试跳也是该运动员时才适用。

应设置向运动员显示剩余时间的时钟。此外，一名裁判员在时限尚余 15 秒钟的时间内应持续举起黄旗或以其它方式示意。

无故延误

得到本人试跳（掷）的通知后，无故延误该项规定的时限，以失败论处。如果再次无故延误，即取消其继续比赛资格，但在此以前的所有成绩仍为有效。

横杆升高

比赛中每轮横杆提升的幅度不得少于 2 厘米（撑竿跳高为 5 厘米），横杆升高的幅度不得增大。当比赛中只剩下 1 名运动员，并且他已获得该项比赛冠军时，应征求该运动员意见，然后确定横杆提升的幅度。

其他规定

1. 在任何高度上，只要连续 3 次试跳失败，即失去继续比赛的资格。

2. 运动员可以在事先宣布的横杆升高计划中的任一高度上开始起跳，也可在以后任一高度上决定是否免跳。

3. 犯规情况：

（1）双脚起跳。

（2）试跳后由于运动员在试跳时的动作致使横杆未能留在横杆托上。

（3）在越过横杆之前，身体任何部分触及立柱之间，横杆延长线垂直面以外的地面或落地区者。运动员在试跳中，倘一脚触及落地区，而裁判员认为其并未从中获得利益，则不应判为试跳失败。

（4）超时限者。

跳远竞赛规则

试跳次数及顺序

参加比赛的运动员如超过 8 人，每人可试跳 3 次，有效试跳成绩最好的前 8 名运动员可再试跳 3 次。倘第 8 名出现成绩相等，则成绩相等的运动员均可再试跳 3 次。如果只有 8 人或不足 8 人参赛，则每人均可试 6 次。后 3 轮和最后 1 轮比赛前均需根据前面的成绩优劣进行倒排序。

判定试跳失败

在跳远比赛中，如有下列情况之一者，则判为试跳失败：

（1）在未做起跳的助跑或在跳跃动作中，运动员身体的任何部分触及起跳线以前的地面。

（2）从起跳板两端之外起跳，无论是否超过起跳线的延长线。

（3）在落地过程中触及落地区外地面，而区外触点较区内最近触点离起跳线近者。

（4）触及起跳线和落地区之间的地面。

（5）完成试跳后，向后走出落地区。

（6）有空翻动作。

（7）超时限。

注：下列情况不为犯规：

（1）运动员在任意位置跑出助跑道白色标志线不算犯规。

（2）如果运动员的脚或鞋的一部分触及起跳板两端以外起跳线后面的地面，不算犯规。

（3）如果运动员在落地过程中其身体的任何部分触及了落地区以外的地面，不算犯规，除非第一触地点同本款（3）的情况。

（4）如果运动员以正确方式离开落地区后，再向后穿过落地区，不算犯规。

风速测定的主要规则

（1）在跳远比赛中，应从运动员经过助跑道旁的标记时开始计 5 秒。该标记分别设置在距起跳板 40 米和 35 米处，倘运动员的助跑不足 40 米或 35 米时，应相应从他助跑开始起测定风速。

（2）单项比赛的风速超过 2 米/秒，所创纪录不予承认；全能比赛的风速超过 4 米/秒，所创全能纪录不予承认。

（3）测定径赛项目风速时，风速仪应置于直道一侧，靠近第 1 分道，距终点线 50 米。测定跳远及三级跳远风速时，风速仪距离起跳板 20 米。风速仪的高度为 1.22 米，离跑道或助跑道边沿的距离不超过 2 米。

PART 5　场地设施

跳高运动的场地设施

跳高场地

跳高比赛场地包括助跑道、起跳区和落地区三部分。

一、助跑道

1. 助跑道

跳高助跑道的长度不得短于 15 米。大型田径比赛跳高助跑道不得短于 20 米，在条件许可的地方不短于 25 米，助跑道和起跳区朝横杆中心的倾斜度不得超过 1：250。

跳高场地照片

2. 助跑标志物

在使用助跑道的田赛项目中，应沿助跑道旁放置标志物，跳高助跑的标志物可放置在助跑道上。每名运动员可放置 1 至 2 个由组委会批准或提供的标志物，以帮助运动员助跑和起跳。如未提供此类标志物，运动员可使用胶布，但不得使用粉笔或任何不易去除痕迹的类似物质。如果地面潮湿，可用若干不同颜色的图钉将胶布固定在地面上。

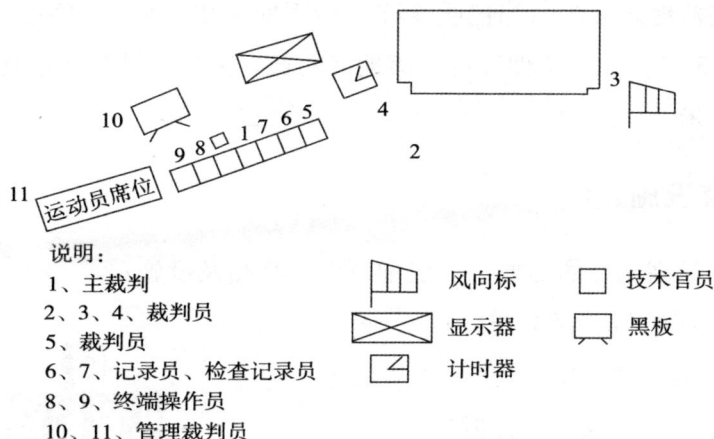

说明：
1、主裁判
2、3、4、裁判员
5、裁判员
6、7、记录员、检查记录员
8、9、终端操作员
10、11、管理裁判员

风向标　　技术官员
显示器　　黑板
计时器

跳高场地示意图

二、起跳区

起跳区必须平坦。如使用活动垫道，其表面应与地面齐平。在跳高横杆垂直面左、右两侧的地面上，各向外画一条 5 厘米宽、长约 5 米的延长线。跳高架两立柱之间的距离应为 4～4.04 米。

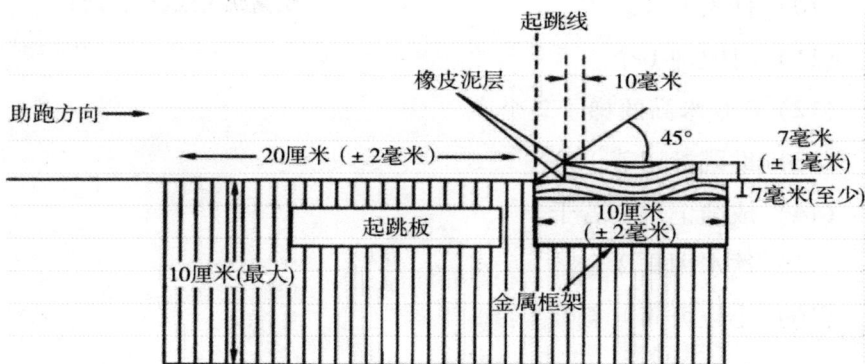

起跳板示意图

三、落地区

跳高落地区应为海绵包或沙坑（沙面应高出地面）。落地区至少长
5 米、宽 3 米。如果条件许可，落地区的长、宽、高最好能达到 6 米、4
米和 0.7 米。

配套设施

根据跳高比赛的需要，一般配备以下物品及设施：

（1）海绵包、罩 1 套。

（2）跳高架 2 副。

（3）横杆 8 根、横杆搁架 1 个。

（4）丈量直尺 1 个。

（5）风标 1 个。

（6）田赛成绩公告牌 1 个。

（7）30 米尺 1 个。

（8）白、红、黄旗各 1 面。

（9）带夹书写板 4 块，笔 8 支。

（10）秒表 1 块。

（11）时限钟 1 个。

（12）0.6 米高的梯子 2 个。

（13）助跳标记若干。

（14）成绩记录表若干。

（15）饮水用具 2 套。

（16）小垃圾筒（箱）1 个。

（17）扫帚 2 把。

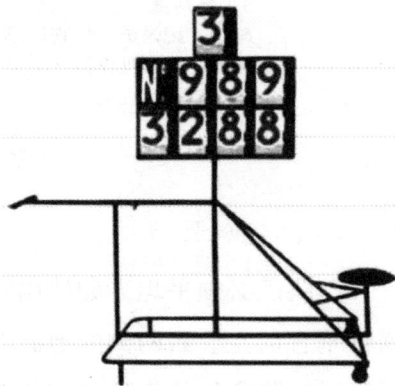

跳高跳远成绩公告牌

这些物品之中主要的设施为跳高架，跳高架由立柱、横杆托、横杆
构成，比赛时可以使用结构坚固的各种类型的跳高架或立柱，要有能稳

定放置横杆的横杆托。跳高架应有足够的高度，至少应超过横杆实际提升高度 10 厘米。两立柱之间的距离为 4.00—4.04 米。

横杆应用玻璃纤维或其他适宜材料制成，不得使用金属材料。除两端外，横杆的横截面呈圆形。跳高横杆全长为 4.00 米（±2厘米），最大重量 2 千克。横杆圆形部分直径 30 毫米（±1 毫米）。

跳高架

横杆应由三部分组成，即圆杆和两端。为便于放置在横杆托上，横杆两端应宽 30—35 毫米，长 15—20 厘米。横杆两端横断面应呈圆或半圆形，并有明确规定的平面放置在横杆托上。这个平面不能高于横杆垂直断面的中心，并要坚硬和平滑。横杆两端不得包裹橡胶或任何能增大与横杆托之间摩擦力的物质。横杆应无倾斜，放在横杆托上时，跳高横杆最多下垂 2 厘米。放好横杆后，在横杆中央悬挂 3 千克重物，跳高横杆最多允许下垂 7 厘米。

横杆托应水平放置，呈长方形，宽 4 厘米，长 6 厘米。在跳跃过程中，横杆托必须牢固地被固定在立柱上和不可移动。横杆托必须朝向对面立柱，放在托上的横杆被运动员触碰时，应易于向前或向后掉落。在横杆托上不得包裹橡胶或其他能够增大与横杆之间摩擦力的任何物质，亦不得使用任何种类的弹簧。横杆托在起跳区横杆两端的高度是相同的。横杆两端与立柱之间至少应有 1 厘米的空隙。

跳高比赛时，跳高架立柱与落地区之间至少应有 10 厘米的空隙，以免由于落地区移动而触及立柱，以致横杆掉落。

跳远运动的场地设施

跳远场地

跳远的比赛场地包括助跑道、起跳板和落地区（沙坑）三个部分。

一、助跑道

助跑道的长度不得短于 40 米，最长为 45 米。助跑道的宽度 1.22 ± 0.01米，应用 5 厘米宽的白线标出。

跳远场地

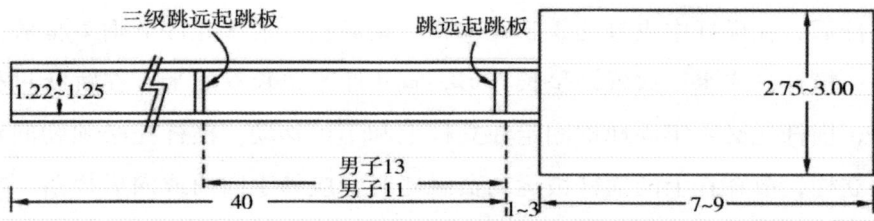

跳远场地示意图

二、起跳板

起跳板是起跳的标志，应埋入地面，与助跑道及落地区表面齐平。起跳板靠近落地区的起跳板边缘称为起跳线。紧靠起跳线外应放置一块用橡皮泥或其他适当材料制作的板子，以便运动员脚部犯规时留下足迹。如不能设置上述装置，可在起跳线前沿着这条线铺上沙子，宽10厘米，高出起跳板至多0.7厘米，朝跑进方向倾斜成30度角。跳远起跳板应安放在落地区近端1—3米处，至落地区远端不短于10米。

起跳板

三、落地区

落地区宽最小为2.75米，最大为3米。区内应填充湿沙，沙面应与起跳板齐平。如有可能，助跑道的位置居中，即其中线延伸时与落地区的中线重合。当落地区中轴线与助跑道的中线不在一条线上时，应在落地区中布置一条或两条带子，即可使落地区中轴线与助跑道中线成一直线。

配套设施

根据跳高比赛的需要，一般配备以下物品及设施

（1）红、白，黄旗各1面。

（2）风标一个。

（3）橡皮泥显示板6块，橡皮泥刮刀2把。

田赛电子成绩牌

（4）30米钢尺、50米皮尺各1个。

（5）停赛标志1个。

（6）5厘米宽50米长白标带、10米长各2条。

（7）平耙、铁铲、扫帚各2把。

（8）钢标签 2 个。

（9）不同颜色的纪录旗 3 面。

（10）成绩显示牌。

（11）风速仪各 1 台。

（12）倒数字计时器 1 个。

（13）带夹书写板 6 块，铅笔 5 支，圆珠笔 10 支。

（14）遮阳伞 10 把。

（15）助跑标记（不同颜色）30 对。

PART 6 项目术语

十项全能运动

由跑、跳、掷部分项目组成的男子比赛综合性田径运动项目。1912年第 5 届奥运会开始列为正式比赛项目。比赛分 2 天进行，第一天按顺序为 100 米跑、跳远、推铅球、跳高、400 米跑，第二天按顺序为 110米栏、掷铁饼、撑竿跳高、掷标枪、1500 米跑。规则规定各单项比赛的间隔时间最少为 30 分钟，运动员必须参加全部 10 个项目的比赛，如放弃一个单项的比赛，即不能参加以后的比赛，也不计算其总成绩。投掷和跳跃项目，每人只准试掷或试跳 3 次，径赛起跑犯规 3 次，即取消其该项比赛资格。每一个单项比赛后，应根据国际田联现行评分表向全体运动员分别宣布该单项得分和各项的累积分。运动员在全能运动的单项比赛中创造的新成绩，只要符合条件，都可以承认为该单项纪录。

七项全能运动

是由女子五项全能演变而来的，比五项全能多加了 100 米栏和 800米跑两个项目，在 1980 年第 22 届奥运会上列为正式比赛项目。比赛分2 天进行：第一天按顺序为 100 米栏、推铅球、跳高、200 米跑，第二天按顺序为跳远、掷标枪、800 米跑。七项全能运动可在连续的 2 天或1 天内完成。在 1 天内完成时，比赛的顺序不变。各单项比赛的间隔时间最少为 30 分钟。在跳远及各个投掷项目中，每名运动员只能试跳、试掷 3 次；每名运动员由 3 名计时员独立计算时间，或使用全自动电子计时装置计算时间。在任何赛跑及跨栏的单项比赛中，凡起跑 3 次犯规，则取消其比赛资格。每一个单项比赛后，都要根据国际田联现行评分表向全体运动员宣布该单项得分和各项的累积分。

五项全能运动

分男子五项全能和女子五项全能两种。男子五项全能包括跳远、掷标枪、掷铁饼、200 米跑、1500 米跑，五项内容 1 天比赛完毕。1904 年第 3 届奥运会将其列为正式比赛项目，1912 年第 5 届奥运会用十项全能运动代替。女子五项全能从 1964 年起列为奥运会正式比赛项目，内容几经演变，最后定为 100 米栏、跳远、跳高、推铅球、800 米跑五项内容，分 2 天进行，也可 1 天完成。1980 年第 22 届奥运会将其改为七项全能运动。

古代五项全能运动

古代希腊奥运会比赛项目。公元前 776 年在古希腊举行的古代奥林匹克运动会上即开始设置，包括跑一个斯泰德（古希腊举行的长度单位，约 192.27 米）、跳远、掷标枪、掷铁饼和角力五项内容。只限男子参加。评定优胜的方法是以参赛者在 5 个项目中获得优胜数目总和的多少来决定。

田径全能运动

由跑、跳、掷部项目组成的综合性比赛项目。源于古希腊的五项全能运动，在 1904 年第 3 届奥运会上以 1500 米代替角力，形成现代男子五项全能运动，此后又形成男子十项全能、女子五项全能、女子七项全能等项目，其成绩是按照国际田联制定的《田径全能运动评分表》，将各个单项成绩所得的评分加起来计算的，总分多者为优胜。国际田联规定的奥林匹克运动会正式全能比赛项目为男子十项全能和女子七项全能，这两种比赛均按规定的顺序，分 2 天完成。其他的田径比赛采用的全能运动项目还有：男子五项全能（1 天赛完）、女子五项全能（2 天或 1 天赛完）、女子三项全能（1 天赛完）。各项目的成绩计算根据国际田联制定的《田径全能运动评分表》，以各个单项所得分数的总和判定名次。运动员必须参加某项全能规定的全部比赛项目，若其中有一项或几项因试跳或试掷失败或犯规，或因成绩太低未能得分，仍应计算其总成绩，但若放弃一项比赛，则不计总成绩。全能比赛除按各该单项规则执行外，还有下列特殊规定：在赛跑或跨栏时，起跑犯规 3 次，取消该项比赛资格，但仍可进行其他项目的比赛；田赛中跳远和投掷项目，每人只准试跳或试掷 3 次；跳高、撑竿跳高，每人可在每一高度上试跳 3 次，各以其最优成绩评分。比赛过程中，若某一单项在风速超过 4 米时，仍应评分和计算名次，但不得将此成绩和总分作为正式记录。全能运动中的径赛项目可采用电动计时或人工计时，但不得混合使用，应分别设置记录。

跳高

分为立定跳高和急行跳高两种，是克服垂直障碍的跳跃运动。现在一般比赛中均采用急行跳高，它由助跑、起跳、腾空过竿、着地四部分动作组成。这些动作是紧密相连、相互作用的一个整体。助跑步数为 9 至 13 步不等，速度由慢而快，节奏鲜明，用单足起跳。腾空过竿的技术有跨越式、滚式、剪式、俯卧式和背越式等。着地时，也因空中姿势不同而有用脚、体侧、肩背等部位着地的区别。比赛以越过横杆上缘的高度计算成绩，以厘米为计算单位。在每个高度上，运动员均有 3 次顺次试跳的机会，以最后一次试跳的高度为正式成绩。但运动员可自行决定在某一高度上的某一次"免跳"。若在任何高度上连续 3 次试跳失败，就失去继续比赛的资格。1896 年第 1 届奥运会将其列为正式比赛项目。

跳远

分立定跳远和急行跳远两种，现在一般比赛均用急行跳远。跳远原为人类祖先赖以生存的一种技能，后又成为军队训练的主要内容。古希腊奥运会上将跳远列为比赛项目。1896 年第 1 届现代奥运会将跳远列为男子正式比赛项目，1948 年第 14 届奥运会将其列为女子比赛项目。它是由在助跑道上沿直线助跑、在跑进中用单脚起跳和腾空、最后双脚落入沙坑四部分动作组成的。因腾空动作不同，跳远姿势有蹲踞式、走步式、挺身式三种。成绩是自起跳线垂直丈量至沙坑中身体任何部分落地的最近一点为准。以厘米为计算单位。每个运动员顺次轮流试跳 3 次，预赛中按成绩选出前 8 名参加决赛，再试跳 3 次，然后以 6 次试跳中的最好成绩作为每个运动员的最远成绩，以此决定名次。运动员在起跑或起跳时，身体任何部分触及起跳线前面的地面，或在橡皮泥显示板上留有痕迹，或由起跳线包括起跳线两端延长线踏过或跑进，或在延长线后面起跳均为试跳失败。当运动员在落地过程中触及沙坑以外的地面，而沙坑外的触点比沙坑内的落地点较起跳线近，或者完成试跳后向后走出沙坑，均判为 1 次试跳失败。

支撑反作用力

指人体在运动时，地面给予人体的反作用力。赛跑后蹬时，脚向后下方给地面以作用力，地面同时给人体向前上方的支撑反作用力，推动人体向前进。跳跃项目中的踏跳、投掷项目最后用力时的蹬腿与支撑，均为支撑反作用力的运用。反作用力的大小和作用力成正比，就是说，运动时作用力越大，反作用力就越大，运动效果也就越明显。

田径全能运动评分表

是评定田径全能运动各项目成绩应得分数的计分表。田径全能比赛计分按照国际田联制定的评分表执行。表内一边列出各项成绩，一边列出相应的分数，相互对照，查出分数，结算总分，决定全能运动员或团体比赛名次。

加速跑

指起跑后立即加速的跑动。动作要领：两腿交相做后蹬与前摆动作，逐渐使上体抬起，步长加大，步频加快，同时两臂配合腿做积极有力的摆动，使身体迅速摆脱静止状态，获得向前的最大冲力，尽快地发挥速度转入途中跑。在加速跑的开始阶段，上体前倾幅度很大；随着步长和速度的不断增加，上体逐渐抬起以正常姿势转入中途跑。在短跑中起跑出发的第一步一般为 3.5 ~ 4 脚长，第二步为 4 ~ 4.5 脚长，以后逐渐增大，一般为 20 ~ 25 米以跑 11—13 步完成加速跑。在加速跑的过程中，速度的增加主要依靠后蹬力量，这时不应过分追求步频，否则会造成后蹬不充分、动作紧张。

田赛

田径运动中，在一定的区域内进行的各种跳跃和投掷项目比赛的统称。跳跃有跳高、三级跳远、撑竿跳高等；投掷项目有推铅球、掷铁饼、掷标枪、掷链球等。成绩以厘米为计算单位。比赛高度的项目，运动员可在规定起跳高度以上的任何高度起跳，也可自己决定在每一高度以上的任何高度起跳，还可自己决定在每一高度上的任何高度上的任何一次免跳。不论在任何高度上，凡连续失败 3 次（包括该高度上的免跳次数），即失去继续比赛的资格。以最后跳过的高度决定名次。高度项目在每次升高横杆后、远度项目在每次有效试跳或投掷后，均应丈量成绩。创造纪录时，应再次丈量，并以此成绩为准。田赛中，如参加人数过多，应在正式比赛前举行及格赛，达到及格标准者方可参加正式比赛。比赛远度的项目，如参加人数多于 8 人，每人先试跳或试掷 3 次，然后按成绩取 8 人，再试跳或试掷 3 次。如只有 8 人或不足 8 人参加该项目比赛，则每人均可以试跳或拭掷 6 次，以 6 次中的最佳成绩为比赛成绩，并以此评出名次。

后蹬

它是推动人体前进的主要力量，利用脚蹬地时地面产生的支撑反作用力来推动人体前进。这是走和跑的主要技术，其效果取决于蹬地的力量、速度、方向、角度以及腿蹬直的程度等。后蹬的技术关键是伸展髋关节、蹬伸膝关节和踝关节，目的是使后蹬力量与运动方向吻合，使支撑脚更快地蹬离地面。

走步式跳远

当起跳完成腾空步后，摆动腿以髋为轴向下并向后摆动，同时起跳腿屈膝，大腿向前提，随即向前伸小腿，形成空中换步动作。两臂配合腿的动作，做大幅度的绕环摆动。随后摆动腿前收向起步腿靠拢，并向胸前提举，这时两臂前摆；随着向前甩小腿准备落地的动作，两臂同时向下、向后摆去，上体前倾，两腿前伸落地，在空中迈步的基础上摆动腿再向前迈一步；最后起步腿前摆与摆动腿靠拢，接着举大腿伸小腿落地。

步点

跳跃项目和部分有助跑的投掷项目，为了使踏跳点或投掷出手点准确无误，在助跑道上定有步点。一般为三个，开始起跑步为第一步点，踏跳点或投掷出手处为第三步点，中间为第二步点，用以检查助跑节奏和步伐的准确性。在一般跳跃项目中，第二步点定在离起跳板 6~8 步的地方，要求助跑节奏明显，动作轻松自然；在投掷项目中第二步点定在交叉步（或投掷步）的开始处。运动员可在助跑道旁边放置由比赛组织者提供的标志。

钉鞋

田径运动员用的装备。是由皮革制成的低帮运动鞋。一般前掌心总厚度不得超过 13 毫米，后跟最大厚度为 19 毫米。竞走用鞋前掌厚度为 13 毫米，后跟厚度不能超过前掌。跳远和三级跳远用鞋可增加厚度或在鞋内放置衬垫以保护脚跟，但后跟厚度不能超过 25 毫米。前掌的钉子以 6 枚为限，后跟的钉子以 2 枚为限。跳高、标枪运动员钉鞋后跟的钉子最多不能超过 4 枚，钉长均不能超过 25 毫米，直径不能超过 4 毫米。在塑胶跑道上比赛时，鞋钉长度不能超过 9 毫米，跳高和标枪运动员的钉鞋钉子长度不能超过 12 毫米，运动员不得在鞋内或鞋外使用任何装置而从中得到好处。

助跑

是田赛项目中的重要组成部分，指在做正式跳跃或投掷动作前的辅助动作。在跳跃运动项目中，经过助跑可获得一定的水平速度，并为踏、起跳创造条件，如跳高、跳远；在投掷项目中，可使掷者和器械获得一定的速度，并做好投掷前的有利姿势，为最后用力时发挥最大力量和速度创造有利条件。如推铅球中的滑步、掷铁饼和掷链球中的旋转、掷标枪和掷手榴弹前的助跑等。助跑要注意快速、准确、平稳、轻松和有节奏。

助跑道

田赛跳部和部分投掷项目的场地设备。是运动员在做跳跃和投掷前辅助活动的区域。跳高的起跳区呈扇形，较大规模的正式比赛，助跑道在 20 米以上，向横杆中心的倾斜度不超过 1：250；撑竿跳高、跳远、三级跳远的助跑道，长至少 40 米，宽至少 1.22 米，左右的倾斜度不超过

1:100，跑进方向的倾斜度不超过 1:1000；掷标枪的助跑道长 30 ~ 36.5 米，两边各画有一条宽 5 厘米的直线，互相平行，相距 4 米；助跑道上一般不设置标志，但运动员可在道旁放置组织者供给的标志。

补偿作用

指人体在腾空时，由于内力的作用使身体某一环节活动而相应身体环节产生补偿性位移，因此，身体各环节的位移相对于身体重心位移的影响则相互抵消，所以身体重心运动的轨迹不起变化。但由于内力作用，身体某一环节活动时，其他相应环节产生大小相等、方向相反的补偿性位移，从而使重心的运动轨迹不受影响。利用这一原理，运动员常围绕重心做一些必要的空中动作，以维持空中的平衡。提高运动质量。如三级跳远前两跳的腾空中，摆动腿高抬与上体前倾的相向运动可以维持空中的稳定平衡，为积极落地动作做好准备。又如背越式跳高过杆时的相向运动，将已过杆的身体下降，就能使未过杆的身体部分上升，两腿高举，使身体各部位先后越过横杆。

室内运动场

运动场应完全在封闭的室内，而且为比赛提供符合条件的照明、供暖和空调等设备。比赛场地包括一个椭圆形跑道，用于短跑和跨栏的一个直道，用于跳高、撑竿跳高、跳远、三级跳远的助跑道和落地区。此外应提供用于手推铅球的永久性或暂时的投掷圈和扇形落地区。所有跑道、助跑道或起跳区均应用人工合成材料覆盖或安装木质表层。人工合成材料更适合于使用鞋钉长度为 6 毫米的钉鞋。场地管理应将运动场内使用的任何一种跑道覆盖物的厚度所允许使用的鞋钉长度通知运动员。在技术上要尽可能使每条助跑道各处的弹性保持一致，每次比赛前，必须对起跳区进行检查。

轮次

指田赛项目中参加某一项比赛的所有运动员按序进行试跳或试掷的一次高度或远度为一个轮次。跳部中的跳远、三级跳远和推铅球、掷铁饼、掷标枪、掷链球、投手榴弹等投掷项目，以所有运动员按顺序试跳或试掷完为一个轮次。

制动性踏跳

跳高运动中的踏跳技术。是一种能把助跑中获得的水平速度快速转变为垂直速度、使人体腾空的踏跳动作。动作要点是：当助跑至倒数第二步时，摆动腿支撑向前使骨盆向前移动的速度超过肩的移动速度，紧接起跳腿屈膝向前，以髋带动大腿向前迈伸，然后伸小腿，脚跟沿地面向前迈出落地时，膝关节伸直，以脚跟着地，而后迅速过渡至全脚支撑。摆动腿以髋带动大腿向前摆出，肩远远落在支撑点后面，使起跳腿像压紧了的弹簧，当摆动腿向前上方猛力摆起时迅速提腰、提肩，起跳腿用力充分蹬直，使身体离地腾起。这种踏跳动作制止了向前的水平位移，结合起跳腿的踏蹬和摆动腿的上摆，使水平速度迅速转变为垂直速度。

挺身式跳远

起跳呈腾空步后，摆动腿积极下压，小腿前伸向下、向后做弧形摆动，与起跳腿靠拢，使髋关节伸展，挺胸，臀部前移，呈挺身姿势。同时两臂由下向上方摆振，接着两臂由后上方作弧线形向下摆动并收腹，向前举大腿，然后小腿前伸，上体稍前倾落地。

背越式跳高

因美国运动员福斯贝利首先采用此式以 2.24 米的成绩获得第 19 届

奥运会跳高的金牌，故又称"福斯贝利式"。背越式跳高的助跑路线为弧形，用远离横杆的腿起跳，助跑的距离一般是 6~8 步，起跑点和起跳点的连线与横杆成 70 度左右的夹角。腾空后使身体转成背对横杆，并由垂直转为水平状态，摆动腿的膝关节放松并自然下放，肩向后伸展，在短暂的飞跃过程中，头肩先过竿，接着躯干、臀部、大腿和小腿依次过竿。当臀部越过横杆时，要最大限度地向上高抬，挺髋呈"桥"形。接着收腹，两小腿上甩，两腿伸直，以肩落下。

俯卧式跳高

始于 20 世纪 20 年代。助跑是从起跳腿靠近横杆的一侧开始，与横杆约成 25°—45°角。助跑的前段要求动作放松自然，身体前倾角较小；后段为获得较快的水平速度，跑时上体接近正直，身体重心低而平稳，动作幅度大，后蹬角度小。腾空后，摆动腿沿横杆前伸内旋，肩向内扣，身体转向横杆，起跳腿离地后小腿上收折叠，身体转变为俯卧上竿姿势，随即转头潜肩，起跳腿后伸外翻，最后用摆动腿和两臂落下。

起跳区

田赛跳部的跳高比赛场地。呈扇形，必须平坦，向横杆中心的倾斜度不得超过 1:250。跳高助跑道的长度不得低于 15 米。规模较大的正式比赛，助跑道不应低于 25 米。

起跳板

田赛跳部的跳远、三级跳远的场地设备。由木质或其他合适的坚韧质料制成，长 1.21~1.22 米，宽 19.8~20.2 厘米，厚约 10 厘米。必须漆成白色，埋入地下，与地面齐平。起跳板的前沿与沙坑末端的距离至少 1 米，至沙坑近端的距离至少 1 米，而且其中心线与沙坑的中心线要在一条直线上，其前沿（即近一边）为起跳线。

起跳腿

指田径运动中做跨栏、跳远等跳跃动作时，向地面踏的腿。起跳腿在踏蹬地面时，受到地面产生的支撑反作用力的作用，使人体腾空而起。若起跳腿与摆动腿配合协调得好，就可增强跨跳的效果。运动员一般以自己有力的腿作为起跳腿。

起跳点

指跳高助跑结束时起跳脚所踏的位置。不同的跳高技术类型和助跑路线有不同的起跳点。按其位置与横杆投影线的垂直距离，跨越式为70～90厘米，剪式为110～150厘米，滚式力80～100厘米，俯卧式为80～90厘米，背越式为60～100厘米。选择正确的起跳点能控制腾越过竿的身体重心，使最高点在竿上，以利于越过横杆。

剪式跳高

始于19世纪末。助跑方向与横杆垂直，或稍偏向摆动腿一侧，踏跳腾空至最高点时，摆动腿膝部过竿并向内转，身体随之向起跳腿方向扭转；同时沿垂直轴旋转。摆动腿过竿后，在内转的同时积极下压并向助跑方向倾斜，臀部高抬，起跳腿由外侧越过横杆，两腿成剪绞动作；同时上体和头部越过横杆；最后用起跳腿落地。

跳高架

由两根立柱组成，撑竿跳高架还装有可增加长度的延伸臂。只要质地坚硬，任何种类的材料均可制作。跳高架应有稳定横杆的横杆托，架子的高度至少应超过横杆的最大提升高度10厘米。撑竿跳高架的立柱或延伸臂装置的横杆托为圆形，直径不超过1.3厘米，长7.5厘米，平伸在立柱外（沙坑一面），并与横杆呈直角。横托上不得包扎橡胶或其他增加摩擦力的材料。撑竿跳高架的立柱或延伸臂之间的距离不少于4.3米，不超过4.37米。底座板上应有前80厘米、后4厘米的刻度。横杆放置在托板上时，两端应与托板靠近立柱1厘米处的边沿齐平。跳高架在比赛过程中不应移动。但如裁判长认为该起跳区或落地区已不适于比赛，在一轮试跳完后方能移动。

跳高起跳区

呈扇形，平坦、坚实，向横杆方向中心的倾斜度不得超过1∶250。若加塑胶垫时，垫子应与地面齐平。助跑长度不限。助跑道至少长20米。

跨越式跳高

为跳高技术中最简易的一种。从侧面直线助跑（一般角度为35°~45°），用离竿远的一腿起跳，起跳点至横杆垂面60~80厘米。当起跳腾空后，上体前倾，摆动腿跨越横杆后向竿下内转下压，使臀部迅速移过横杆，同时上体前倾并向横杆方向侧倒，两臂举起，起跳腿迅速向上高抬，完成跨越过竿动作，两臂配合两腿作协调摆动。过竿后，身体侧对横杆，用摆动腿先着地。

摆动腿

田径运动中做跨栏、跳跃动作时，配合起步腿起跳的另一条向前上方摆起的腿。这条腿的摆动可帮助支撑反作用力的发挥从而增加人体的腾空高度。如急行跳高中，助跑至最后一步，起跳腿制动踏跳时，直腿向前上方摆动，使身体腾空更高。摆动腿可增大起跑蹬伸的反作用力，提高起跳离地瞬间身体的高度和速度，加大动作幅度，从而可增强跨跳的效果。

滚式跳高

因跳时运动员形如滚过横杆，故名。始于 1912 年，因霍拉英运用此式创造了 2.01 米的当时世界纪录，故又被称为"霍拉英式"。一般采取侧面助跑的方法，用靠近横杆的腿起跳，当身体腾空后，摆动腿内旋过竿，上体向横杆方向侧倒，并在横杆上呈水平姿势。起跑腿迅速提起上引大腿近胸部，同时起跳腿的同侧臂伸向摆动腿，侧卧横杆上空，然后转动头、肩，使身体迅速沿轴放置，滚过横杆，起跳腿积极下伸落下。

腾起角

也称"腾飞角"、"起飞角"。指人体腾起时初速度的方向与水平面的夹角。在跳跃运动中，运动员在跳越一定高度或远度时，就要使身体腾空。腾起的角度取决于助跑中获得的水平速度和踏跳时获得的垂直速度。腾起角度的大小因跳跃运动的要求不同而互不相同。其角度的合理性对运动成绩具有决定作用。

横杆

由木料、金属、塑料或其他适宜材料制成。有圆形和三角形两种。跳高用三角形横杆每边宽 2.8~3 厘米。圆形横杆直径为 2.5~3 厘米，两端各有一段长 15~20 厘米、宽 2.53 厘米的平面（撑竿跳高用宽 2.5~3 厘米的平面），便于安放，横杆两端的平面必须光滑，不得包扎橡胶或其他能增加摩擦力的材料。跳高用横杆长为 3.98~4.02 米，重量不超过 2 公斤。撑竿跳高用横杆长 4.48~4.52 米，重量不超过 2.5 公斤。

橡皮泥显示板

田赛跳远及三级跳远运动的场地设备。是一个长 121 ~ 122 厘米、宽 9.8 ~ 10.2 厘米的硬木板。在该板最近起跳处，上覆至少 14 毫米宽的橡皮泥或其他合适的物质。连接起跳线的一边为 30 度的斜面，包括橡皮泥层在内，高出地面最高点为 0.7 厘米。此板安装在起跳板前的凹槽内，整个装置必须牢固，足以承受运动员起跳脚的全部力量，亦可用相同规格的沙台代替。比赛时，运动员若踏过起跳线，显示板上就会留有痕迹，以此判定是否犯规。

PART 7

技术战术

跳高技术战术

一、项目特征

（一）体能特征

跳高是速度力量类技能主导性项目。它的特点是：运动员必须在保障快速助跑的前提下完成起跳，发挥出最大的体能潜力，充分利用自身良好的弹跳能力、速度和速度力量素质，以及协调、灵巧并且以合理的技术动作，越过一定高度的横杆，取得优异的成绩。

跳高运动员所能越过的横杆高度主要取决于腾起的初速度和适宜的腾起角度。所以，在运动员掌握正确合理的专项技术的前提下，体能越好，其专项水平就越高。

腾起的初速度和适宜的腾起角度的主要动力来源是助跑速度与起跳技术，而助跑速度主要取决于运动员的绝对速度和速度的利用率。因此，高水平跳高运动员的绝对速度应当达到相当高的水平，并在助跑过程中能够得到充分的发挥与利用。此外，通过积极有力的起跳把助跑所获得的水平速度有效地转化为垂直速度，确保人体充分向上腾起。起跳腿要具有相适应的快速爆发力量，因此，跳高运动员的腿部力量既是提高助跑速度的基础，又是起跳有力的保障。

目前，人们对提高起跳效果的认识已经达成共识，即运动员的上肢、躯干控制力量以及柔韧性与灵巧性是体现高水平跳高运动员水平的重要素质条件。

跳高是田径运动中比赛时间较长的项目之一，它和撑竿跳高一样，比赛成绩由低逐渐到高，直至发挥到最高水平为止。有时还会出现第一名并列后激烈的决名次赛，一般比赛时间要持续 2~3 小时，甚至更长的时间，在这样长的时间比赛中，作为一名高水平的跳高运动员必须具备良好的专项耐力，因为，每次都要能够正常发挥自己的水平才能赢得比赛的胜利。

（二）技能特征

现代背越式技术采用弧线助跑，因此，运动员在具备良好的速度和速度力量素质及弹跳力的基础上，还必须具备高水平的技能才能在弧线助跑时达到高速度的助跑，才能在保障快速助跑的前提下完成强有力的起跳，并充分发挥出最大的体能潜力，达到最佳的起跳腾起效果。

跳高又属于技术性较强的灵巧性项目，其全部技术除应具有协调、灵敏、轻松自如的特点和具备体操运动员的柔软及协调性外，还特别要具有在杆上巧妙运用腾起的高度腾跃尽可能高的高度的技能。因为，过杆时运动员完全是背向横杆的，与横杆的距离和方位完全是凭借本体的时空感觉来完成的。未来的过杆技术应更加需求高水平的运动技能，只有这样，才能取得高水平运动成绩。

（三）心理特征

跳高比赛是一项最终总以"失败"告终的运动项目。跳高运动员的心理基本特征由项目的特点所决定。随着运动员专项运动水平的不断发展，跳越横杆的高度逐步提升，运动员必须具备很强的自信心和自控能力，必须具备不断挑战新高度的勇气和胆识，必须具备沉着、冷静的心理状态与顽强拼搏的意志品质，否则难以取得成功。

跳高比赛时每位运动员在每个高度上只有 3 次试跳机会，在重大比赛中，实力相当的运动员在最后的高度上是以谁先越过或谁在成绩相等的高度上试跳次数少判谁赢得比赛的胜利。因此，比赛中稳定的心理状态是高水平跳高运动员取得优异成绩所必备的心理素质。

据统计，在奥运会、全运会等国际、国内重大比赛中，高水平跳高运动员正常发挥运动水平的人数比例仅占 30%。究其原因，在实力相当的情况下，除了风向、风力、气温、时差以及比赛的激烈程度影响运动员的正常发挥之外，观众情绪等客观因素对运动员也是一种严峻的考验，面对比赛压力与外界环境的影响，那些具备稳定的心理素质的运动员往往能够取得最终的胜利。

（四）战术特征

跳高是一项非直接对抗性运动，运动员通过多年训练，其体能与技能水平直接影响比赛结果。但是，水平较为接近的对手比赛时，战术运用得当者会对比赛结果产生积极的影响。

合理选择起跳高度是跳高比赛中运动员首先采用的基本战术之一。应当根据比赛时的天气情况、自己当时的竞技状态以及对手情况确定起跳高度，既要给对手产生一定的心理压力，又要有利于自己正常发挥专项运动水平。

另外，比赛中免跳的使用也是高水平跳高运动员主要采用的战术手段之一。当在同一高度上对手已经试跳成功，而自己连续试跳两次失败时，如果自身实力允许，应当果断地采用免跳，这样做一方面可以保存自己体力，另一方面如果能够在下一个高度上一次试跳成功，将使自己变被动为主动，反而给对手造成较大的心理压力，从而抓住机会赢得比赛的胜利。

二、技术分析

背越式跳高技术分为助跑、起跳、腾空过杆和落地四个部分。这四个技术阶段之间是紧密相连、不可分割的。

（一）助跑技术

助跑的目的是为了获得必要的水平速度，在起跳前及时调整动作结构和节奏，取得合理的身体位置，为正确地进入起跳和顺利过杆做好准备。

1. 助跑距离

不同运动员根据自身的速度能力、起跳能力和技术水平来调整助跑距离，一般在 8 ~ 12 步或 9 ~ 13 步之间，距离最长的可达 30 米左右。我国著名跳高选手朱建华踏上标记后，前段跑 5 步，后段跑 4 步；跳高世界纪录保持者索托马约尔助跑前段跑 4 步，后段跑 5 步，全程都是 9 步。初学者选择助跑距离不必过长，应该在牢固掌握短距离助跑技术的基础上逐步加长，并使之与自己的训练、技术水平相适应。

2. 助跑路线

背越式跳高的助跑由直线和弧线两段组成，弧线段助跑根据个人习惯，一般跑 3 ~ 5 步。大多数运动员都采用"J"字形弧线，其优点是便于加速和发挥速度，而且弧线曲率由小变大，身体内倾逐渐加大，有利于进入起跳。也有的运动员助跑的弧线采用平方抛物线，其优点是直线段向弧线段过渡的较为自然平滑，以避免进入起跳时引起减速。运动员在具体确定助跑弧线时，一定要考虑到个人的技术特点和助跑的速度，速度快的运动员，弧线曲率要大些，如果再加上步长和步数等因素，每一个运动员都应该有各自合适的助跑弧线。

背越式跳高采用助跑弧线有着十分重要的意义。由于运动员沿着弧线跑进，为克服离心力的影响，身体必然内倾，而身体内倾可以发挥多方面的作用：

（1）在跳高的起跳过程中，身体重心要依靠起跳腿的屈膝来适当降低，这将加大身体重心竖直移动的距离，有利于起跳腿的蹬伸。然而，依靠起跳腿的屈膝来降低身体重心时，蹬伸则必然需要一定的时间，屈膝程度越大（膝角越小）蹬伸的时间越长，这必然会影响起跳的速度，弧线助跑时，身体的内倾会使身体重心有所下降，在屈膝程度相同的情况下，内倾状态较之竖直状态身体重心降低的程度要大。换言之，在身体重心降低程度相同（即重心竖直移动距离相等）的情况下，身体内倾状态的屈膝程度小，起跳腿蹬伸的时间也短，有助于加快起跳速度。

（2）在身体内倾状态不，起跳腿的着地起跳动作以及腿、臂摆动所产生的转动惯量，使人体围绕身体纵轴转动形成背对横杆。同时，由于起跳时弧线助跑身体内倾出现的制动，必然会产生使人体由内倾转向上竖起和沿着助跑弧线切线方向飞行的惯性力，人体按起跳的合力方向飞向横杆。

（3）起跳中，人体从内倾状态转为竖直，创造尽可能大的垂直分速度，使得地面的反作用力更有利于通过人体重心，提高起跳的垂直用力效果。

3. 启动助跑

启动助跑的方式有两种，原地启动助跑和行进间启动助跑。原地启动，助跑步点容易准确，但启动后动作比较紧张，加速相对较慢；行进间启动的优点是加速快，动作放松，缺点是有可能会影响到助跑的准确性。

4. 助跑节奏

所谓助跑节奏是指助跑的时间——空间特征。一般指助跑过程中各步与各步之间所用时间与时间间隔变化规律，具体表现在步长与步频的变化。跳高助跑的整个过程应具有明显的助跑加速节奏，同时要保持节奏的稳定，特别是最后 3 ~ 5 步步长变化要小，节奏要自然加快，而最后一步最快。

5. 助跑要求

跳高的助跑是在短跑途中跑技术的基础上表现出自己的特点，主要为跑进时身体重心要保持高位与平稳，上身要适当前倾，后蹬保持充分有力，前摆积极抬腿，两臂配合做大幅度摆动。进入弧线段时，身体要逐渐向内倾斜，加大外侧臂和腿的摆动幅度，躯干与脚的支撑点应力求在力的作用线上。总之，背越式跳高要充分利用助跑速度，在正确完成起跳动作的前提下尽可能加快助跑速度以形成正确的助跑速度节奏。

6. 最后一步

助跑的最后一步是助跑与起跳结合的关键，起跳技术完成的效果与这一步的动作质量具有直接的关系。

助跑的最后一步摆动腿着地时积极下压，在脚内侧的牢固支撑下迅速前移身体的重心，摆动腿继续有力蹬伸，充分地伸展踝关节，以推动髋部和躯干快速前移。摆动腿这一积极的动作，对起跳脚迅速踏上起跳点和起跳时身体迅速由内倾转为竖直有着十分重要的意义。此时，摆动腿动作的关键是"牢固支撑"。其意义在于依靠摆动腿的牢固支撑，使身体能够在保持内倾状态下进入起跳，防止身体过早地竖直或倒向横杆；身体重心快速前移可以防止臀部下坐或过大地下降身体重心。

7. 动作意识

在助跑时要保有自觉的动作意识，动作意识是指在完成某个技术动作或某运动项目的完整过程时，对该技术动作或运动项目实质的心理自觉与指向。动作意识在完成技术动作或运动项目时具有无形却很重要的作用。

背越式跳高助跑的动作意识主要表现为放松意识和加速意识。助跑是对起跳动力的积蓄，放松是能量的节约，并为成功地进入起跳做好准备，加速则有助于起跳腿能量的释放和快速完成动作。实践表明，一次成功的试跳，在很大程度上取决于成功的快速助跑。

（二）起跳技术

起跳是背越式跳高技术的关键技术，其任务是迅速地改变人体运动方向，创造尽可能大的垂直速度和合理的腾空角度，并为过杆动作的顺利完成创造条件。

从跳高的整个过程次第来讲，在最后一步摆动腿着地瞬间就已进入了起跳。从跳高技术的完整性出发的，可以说助跑是起跳的准备，而起跳是助跑的继续。

1. 起跳腿的着地与缓冲

助跑最后一步摆动腿支撑人体重心移过垂直部位后，起跳腿迅速迈向起跳点。用力蹬伸摆动腿，保持身体内倾姿势并向前送髋，使起跳一侧的髋超越摆动腿一侧的髋，在保持肩轴与横杆几乎垂直的情况下，形成肩轴与髋轴的扭紧状态，髋轴与横杆约成45度角。起跳脚要以外侧跟部接触地面，继而通过脚外侧滚动至全脚掌，脚尖指向助跑弧线的切线方向。

在起跳脚着地瞬间，起跳腿所受到的地面冲击反作用力高达数百千克，这必然引起起跳腿膝关节的弯曲，以缓冲冲击力的作用，迅速改变运动方向。起跳腿膝关节弯曲的角度大小与运动员采用的跳高姿势、技术类型、身体素质和起跳技术水平有着密切关系。根据日本的研究结果，膝关节伸展力量的最大值在角度为140～150度时出现，当小于130度和大于160度时，伸展力量显著下降。缓冲过大导致膝关节角度减小，其结果不是增加了起跳时间，就是因身体重心的迅速前移，使起跳腿无法随之快速蹬伸，而难以成功地完成起跳。因此，一方面要改进起跳腿放脚技术和与摆动腿的配合，以尽量减少着地时的冲击力，另一方面在训练中不仅要提高运动员起跳腿的蹬伸力量，也要增强起跳腿的支律力量。

2. 起跳力量

从生理与物理学的角度来看，跳高的起跳是一个复杂的过程，产生人体腾起垂直速度的地面反作用力并非完全来自起跳腿的蹬伸，多方面的因素都能影响跳高起跳力量。

（1）起跳腿的支撑力量

生物力学研究发现："几乎所有的身体运动如跑、跳、投中，都会看到在产生主动作或叫做功能性爆发功率之前，都要做与主动作反向运动的准备性动作。"1971 年，瑞典研究人员通过实验确认，肌肉快速拉长后紧接着做强力收缩，能发挥极大的力量。跳高起跳过程中，起跳脚着地后在地面反冲力作用下，起跳腿各关节伸肌，会被强制拉长做离心收缩，又称之为"退让"工作，这是肌肉能量的积蓄阶段。尽管此时反映的力值很大，但并不直接使人体重心产生垂直速度。伸肌"退让"工作能力的强弱，直接影响到蹬伸力量的发挥和起跳效果的好坏。实验证明，在进行一段"退让"训练之后，实验组运动器官承受冲击性负荷的能力和快速蹬伸能力明显提高，蹬伸段的力值有增大趋势，成绩评定指标提高。可见，跳高力量首先表现为起跳腿的承压能力，即伸肌的离心收缩力量。

在运动员技术稳定的前提下，冲击性负荷来自于助跑的速度，因此助跑速度越快，起跳腿承受的冲击性负荷（反冲力）越大。在一定的生理范围内，助跑速度加大，会加快伸肌拉长的速度，伸展肌群所受到的刺激强度与冲动频率提高，从而更有利于提高蹬伸阶段的工作效果。

（2）起跳腿的蹬伸力量

物体受力可以产生加速度，这只是物体产生运动的条件之一。物体必须有一定的受力时间，并且在这段时间内必须通过一定的距离，物体才能产生位移，获得运动速度。因此，跳高起跳的蹬伸效果是由起跳力量和起跳速度决定的，起跳力量和起跳速度取决于起跳工作肌群在蹬伸过程克制工作所产生的最大爆发功率。生物力学的研究指出，在肌肉功率稳定的情况下，收缩力量发挥越大，收缩速度越小，张力最大时，速度等于零，速度最快、力量最大的情况是不存在的。研究表明，肌肉功率最大值是张力和速度均为自身最大值的 1/3 时。在肌肉功率稳定的情况下，只有提高肌肉力量与肌肉收缩的速度，才能使肌肉收缩的瞬时爆发功率值加大，从而增大起跳效果。这也告诉我们，提高蹬伸力量和提高蹬伸速度两者同样重要，但由于运动员的情况不同，训练中必须做具体分析、具体对待。

运动实践中，以增大速度来提高起跳效果，助跑与起跳衔接紧密，对运动员的速度力量和协调性有更高的要求；以增大起跳力量来提高起跳效果，往往起跳的制动性大，起跳的速度损失大，对运动员的力量素质要求较高。前者属于速度型起跳，后者属于力量型起跳。根据青少年的特点，青少年跳高训练应以速度型起跳技术为教学训练模式。

3. 摆动技术

在起跳过程中，摆动腿和两臂的摆动动作应与起跳腿的着地缓冲及积极蹬伸动作协调配合。研究人员认为，在背越式跳高的起跳中对地面的作用力，摆腿占 20%，摆臂占 60%，起跳腿只占 20%，我国上海体育科学研究所关于摆动动作的模拟实验结果表明，模拟动作的摆动反作用力（除去体重）垂直分力可达 114 千克。可见摆动动作在起跳中具有的重要作用。归纳起来，生物力学的研究认为起跳时的摆动动作，大致有如下几方面的作用：

（1）提高身体离地瞬间身体总重心的高度。

（2）在摆动向下加速靠近支撑点时，摆动反作用力向上，对支撑点（起跳脚）有减压的动作效应，减轻了地面给起跳腿的冲击反作用力；在超越支撑点摆动向上加速时，摆动反作用力向下，对支撑点产生加压作用，增大了由起跳腿蹬伸所产生的地面反作用力；摆动继续向上制动减速时摆动反作用力向上，减轻了起跳腿的压力，有利于提高蹬伸速度；在腿、臂上摆制动时，由于动量的转移，加快了身体重心的运动速度和起跳腿的蹬伸速度。

（3）摆动腿的一侧摆动和起跳腿的一侧支撑形成了旋转力矩，形成人体腾空后沿纵轴旋转的动力。

摆动动作的上述效应，可以使身体重心获得更大的垂直分速度，应该在起跳中根据这一规律，正确完成腿、背的摆动动作。

目前国内外大多数运动员采用屈腿或折叠式的摆腿方法。在摆动腿蹬离地面后，已充分伸展的屈髋肌群快速收缩，以髋带动大腿迅速向前，同时小腿随着惯性自然地向后上方弯曲或折叠。摆动腿超过起跳腿之后，继续加速上摆，大小腿稍有展开并带动躯干围绕纵轴旋转，直至大腿摆过水平部位后突然制动。

摆臂的方法有两种，交叉双摆臂和交叉单摆臂，交叉双摆臂有助于加大摆动力量，交叉单摆臂有利于加快完成起跳动作。为了加速身体围绕纵轴旋转和防止上体过早地倒向横杆，摆动腿同侧臂的摆动应略高于另一臂并带动肩部越过横杆。

4. 起跳过程中的身体位置

起跳过程中身体位置对正确完成起跳技术有着重要的意义。在进入起跳阶段前，运动员主观意识上是使身体一直保持着内倾状态，直到起跳脚着地身体才开始竖直，而且此时身体的竖直是由于起跳动作产生的各种力的作用所致，运动员的注意力只能指向快速腾起的起跳。只有这样，由起跳产生的反作用力才能通过身体重心，否则不是造成身体过早地倒向横杆，就是产生较大的偏心推力，影响起跳效果。

在起跳脚着地瞬间，肩轴与横杆约成垂直状态，髋轴与横杆约成45度角。大于上述角度，会因转体过早而影响起跳效果；小于这个角度也会影响腾空后身体沿纵轴的旋转，不利于过杆动作。

由于弧线助跑使身体重心自然下降，背越式跳高就不用像俯卧式跳高起跳那样，较远地向前放起跳脚，以迈步的形式降低身体重心，以较大的制动动作来完成人体重心运动方向的改变。所以背越式跳高起跳过程中，水平速度损失较少，蹬伸速度相对地也快，保证了起跳动作的快速完成。

（三）腾空、过杆与落地技术

在背越式跳高起跳过程中起跳脚着地瞬间，由于惯性力和摆动动作的作用，上体的加速运动和摆动腿膝部向起跳腿一侧肩的上摆，人体在腾空过程中不仅沿纵轴旋转成背对横杆，而且在沿弧线的切线方向抛射的过程中，形成一个以髋部为轴的旋转力，使腾空的人体自然地绕横轴转动，以仰卧的姿势进入横杆。尽管腾空动作的正确与否决定于起跳过程，但运动员不能有效地控制自己的动作，主观意识不是保持身体的向上、向前，同样会影响腾空过杆动作的合理性。背越式

腾空过杆

跳高过杆是依照头、肩和臂，然后是躯干、臀部、大腿和小腿的顺序完成的。为了更好地利用身体重心腾起的高度，身体过杆的部分和尚未过杆的肢体应尽可能地下垂，形成杆上的弓背。当臀部移过横杆后，应顺势收腹，然后向上举起大腿，当小腿的腘窝处于横杆上方时，应向上踢出小腿，最后以肩背着垫。有人将此姿势称为"L"形过杆。

（四）优秀运动员技术分析

中国运动员朱建华和古巴运动员索托马约尔是当今世界优秀男子跳高运动员。前者见长于速度素质，后者以爆发力（力量）见长。尽管二人各有特点，但在技术上还是具有许多共同特点，这些特点也是所有

优秀跳高运动员要留意和加强的：

1. 助跑加速有力，速度快

朱建华创造 2.37 米世界纪录时，从助跑跨上第一标志点后，仅用了 5 步就达到了全程最高速度，表明他的助跑加速非常积极有力。虽然他最后 4 步助跑速度略有下降，但是平均速度仍接近 8.50 米/秒。

索托马约尔的助跑是以 5 步小跑做准备，随后分为两个阶段进行加速，前 4 步和后 5 步，国际田联生物力学研究报告提供的材料表明，他在最后第二步时，身体重心的水平速度达到 8.93 米/秒。

无论是速度型运动员还是力量型运动员，快速助跑都是他们的共同技术特征，也是他们不断提高成绩的必备条件。

2. 助跑与起跳衔接紧密，结构合理

助跑的最后几步，两名运动员都保持了积极的跑进姿势，上体继续保持适度的前倾，腿的前摆着地和后蹬仍然十分充分，从而保证身体重心积极向前移动，直至最后第二步摆动腿着地支撑。

在倒二步摆动腿垂直支撑阶段，两人都降低了身体重心，膝关节的弯曲都达到了相当的程度，并借助于摆动腿的牢固支撑，使身体保持适度的内倾，这一动作结构为起跳阶段加大垂直用力的工作距离创造了良好的条件。

3. 腿、臂摆动动作充分，摆动节赛明显

这两位顶级运动员在摆动技术上有明显的区别。朱建华采用短半径、快速的交叉单臂摆动和折叠式摆腿技术；而索托马约尔则采用交叉双背摆动和折叠不紧的屈腿摆动技术。虽然他们的腿、臂摆动在动作外形上有着较大的差别，但是他们摆动的动作幅度大，加速的节奏变化明显，都能充分发挥腿、臂摆动的积极作用，从而取得较好的起跳效果。

4. 在腾空过程中较好地发挥摆动腿的主导作用

起跳离地后，两名运动员都能保持摆动腿高摆的姿势，并在此带动下帮助身体围绕纵轴旋转。这一动作有利于身体充分地向上腾起及避免上体过早地倒向横杆，同时，摆动腿处于相对较高的位置还有助于过杆阶段背弓的形成。朱建华和索托马约尔都是在摆动腿的带动下配合积极的倒肩和展体动作，使髋部直接处于杆上的最高部位，降低向后收腿和摆脱横杆的难度，使他们能够快速连贯地完成过杆动作。

（五）训练误区

运动员对跳高技术存在着一些理解上的误区，这些理解误区会误导教练员和运动员，使其训练事倍功半，在学习过程中需要防止进入以下误区：

1. 盲目地追求高速助跑

虽然速度对背越式跳高来说意义十分重大，但在实际的教学训练中还是应该注意："以速度为中心"是指在教学训练的过程中，必须始终把提高助跑的速度、起跳的速度和摆动的速度放在首位，不论采取何种方法与手段，都要求在正确完成动作的前提下快速地、爆发式地进行。助跑速度既要适应运动员的技术与能力的现状，使之表现出现有水平的最高成绩，又要不断地提高助跑速度以促使运动员的技术与能力的再提高，达到高一级的水平。对于青少年背越式跳高运动员，助跑的训练重点是在掌握正确的助跑节奏和快速助跑起跳，"要以最大的速度助跑"、"要以最快的速度助跑"，其前提是正确地完成起跳动作。盲目地追求高速助跑只能破坏运动员已掌握的技术，并有造成运动损伤的可能。

2. 过分追求"背弓"姿势的完美

背越式跳高的技术重点是起跳以及助跑与起跳的结合，但实践中往往存在着过分偏重于漂亮的"背弓"过杆的倾向，这种观点在教练中也非常常见。起跳与过杆是完整跳高技术中不可分割的两个技术段，过分地追求"漂亮的背弓"有时在一定程度上会影响起跳的效果，这是由于跳跃中心理定向的不同，造成跳跃效果的不同。处理起跳与过杆两者的关系是要在正确理解完整技术的前提下，去解决影响成绩提高的主要问题，这个主要问题会因不同的运动员和每个运动员不同的训练阶段而有所不同。对于初学者和青少年背越式跳高运动员来说，不断完善起跳以及助跑与起跳相结合的技术才是最重要的，掌握和完善过杆技术应在此前提下进行。

3. 轻视摆动腿动作的重要作用

轻视摆动腿动作的作用也是一种技术误区，之所以轻视摆动腿动作的作用，主要是因为把起跳腿的蹬伸片面地认为是人体腾起的唯一动力。实际上在起跳中，摆动腿的摆动动作不仅起到减小制动、增大起跳力量和加快起跳与身体重心运动速度的作用，而且摆动腿动作也是助跑与起跳衔接的纽带。从技术的角度讲，起跳动作的完成，起跳效果的优劣，在很大程度取决于起跳腿与摆动腿的蹬摆配合。

三、战术训练

（一）技能训练

1. 快速助跑加速能力训练方法

（1）听信号起跑：30～60米，间歇为完全恢复。目的是提高反应速度，发展腿部力量和加速能力。

（2）行进间上、下弯道计时跑：20～40米，间歇为完全恢复，目的是发展专项绝对速度，刺激最大强度的提高。

（3）变速跑：将80～200米的距离分成几个段落，即加速跑段和惯性跑段，惯性跑段也保持疾跑时的姿势。目的是发展绝对速度，提高加速能力。

（4）下坡跑10米（坡度3°～6°）接弧线跑20米，间歇为充分休息。目的是提高步频和弧线跑技术。

（5）直道切入弯道加速跑30～40米接轻松起跳，间歇为充分休息。目的是形成固定的助跑节奏，建立全程助跑技术、步长、步频、弧线

（弧形）以及加速形式等的一致性。

（6）行进间快速跑过 15～20 个海绵块（或实心球），海绵块间距 2 米左右，可根据运动员步长和全程步点放置海绵块。目的是改善和稳定全程助跑节奏，提高步频和增大步幅。

2. 快速起跳能力训练方法

（1）跑过 1 个低栏架后做迈步起跳，跳过 1 对栏架。

（2）弯道 3～5 步下坡跑接快速起跳头触高物。

（3）3～5 步弯道助跑连续跳过 3～5 个栏架。

（4）3 步助跑起跳。要求：最后一步要快，起跳脚必须快速"猛力摆动"地踏上起跳点。横杆放在中等高度，做 5x2 组。目的是确保起跳时非起跳脚的脚掌及时离开地面，发展快速起跳能力。

（5）5 步弧线助跑起跳，摆动腿提膝触高物。横杆放在低于运动员最好成绩 30 厘米处，可适当升降，每一高度 2 次。目的是提高快速垂直起跳能力。

3. 准确起跳能力训练

（1）助跑带跨越起跳练习 20～30 米，目的是训练步幅的均匀性。初学者可以给每一步做标记，这样有助于找到速度感和加快起跳前的步频。

（2）全程助跑起跳计时。目的是了解并掌控练习时和比赛时及横杆高度变化状态下的助跑速度的一致性和稳定性，提高正确到达起跳点的准确起跳能力。要求每次助跑起跳点都选在同一个位置上，如差距在 10 厘米以上，往往会造成试跳失败，每次助跑的全程速度误差不能超过 0.05 秒。

（3）在跑道直曲段上用脚步丈量全程步点，并设置标记，根据不同的天气等变化因素，反复练习后作出相应调整。目的是完善全程助跑节奏及提高速度感，提高准确起跳能力。

4. 助跑和起跳连贯衔接能力训练方法

（1）沿螺旋形弧线加速跑半圈接快速轻松起跳 1 次。开始时直径为 30 米，逐渐缩短到 10～15 米。要求在加速过程中加大身体内倾程度。目的是体会加速跑进中身体内倾的感觉和变化，培养在离心力作用下完成弧线助跑连贯衔接快速起跳的能力。

（2）拖橡皮带弧线助跑起跳 10～20 米。目的是使弧段加速跑技术与起跳技术自然连贯，增强弧线跑的能力和起跳力量。

（3）沿弧线做 6～8 步助跑起跳手或头、膝触高物。目的是培养在离心力作用下完成弧线助跑与起跳相结合的能力。

（4）海绵墙前做全程助跑整体节奏技术练习。目的是弥补最后 6 步水平速度的不足，提高全程助跑的速度效果。要求：对平跑技术进行规范，不盲目求快，做到加速时的"放松"加速，以免加速过程中的动作紧张变形。

5. 空中（杆上）协调能力训练方法

（1）原地挺身后倒"搭桥"练习。目的是体会过杆时的身体姿势和动作过程。要求：挺髋屈膝后倒，肩背着地支撑，"搭桥"后停留10～15 秒。

（2）原地背向起跳，向后倒肩、屈膝、挺身跃上放置软海绵垫的跳马，停留片刻后向上、向后甩小腿落垫缓冲。目的是体会利用身体重心向上的趋势，顺势、依次、连贯地完成过杆动作及身体各部分与跳马顶部相对位置的变化。要求：挺髋夹臀，双膝向两侧分开，肩背包着跳马下潜落垫。

（3）弧线助跑 3～5 步单脚起跳，腾起后背卧上高台（架）练习。可借助弹板进行练习。目的是体会腾空感觉。要求：向上摆臂、提髋、叠膝、摆腿依次协调用力。

（4）正面助跑 3～5 步踩弹板起跳背越过杆。目的是利用弹板的弹性增加腾起高度，便于体会背越过横杆的空中转体动作。要求：摆动腿膝关节折叠稍向内扣上摆和摆动腿同侧臂向上向内高摆。

（5）弧线助跑 6～8 步，踩弹板起跳，用髋触高吊物背越过横杆。

目的是体会在快速助跑中快速起跳技术及越过高杆的感觉，感知身体各部位与横杆相对位置的变化。要求：在杆上尽量挺髋、展体，不要主动收腿。肩背包杆下潜落垫。

6. 跳高强度控制能力训练方法

（1）"质量"训练法。将横杆放置在低于运动员个人最好成绩 10 ~ 15 厘米的高度上，要求运动员跳 15 次，每次跳完后要有足够的休息时间，以保证每次跳跃的质量。随着训练的继续而改变横杆的高度。

（2）"耐力"训练法。将横杆放置在低于运动员个人最好成绩 20 厘米左右的高度上，让其在不同的高度上跳 25 ~ 30 次。要求在第一个高度上过杆 3 次，接着将横杆上升 5 厘米，同样要求过杆 3 次，依次类推，直到运动员在某一高度上不能过杆为止，接着再将横杆的高度降低 3 厘米做过杆练习。

（3）"强化"训练法。在某一高度上有两次不能过杆时，横杆的高度应降低至能使运动员连续 3 次越过，接着再把横杆的高度升回至原来的位置，当运动员能连续 3 次过杆或不能连续 3 次过杆时，横杆的高度应继续上升或下降。虽然允许运动员有足够的休息时间，但是运动员在整个训练过程中必须保持正确的过杆姿势和技术。要求：在训练过程中，一旦出现技术变形，教练员应立即停止训练，以免运动员形成错误的动作。

（4）"试跳新高度"训练法。先在热身高度上试跳几次，然后把高度提升到运动员的最佳成绩以上，运动员无论能不能越过都不能退缩。目的是培养运动员鼓足勇气挑战自己达不到的高度，有效地调适身心负荷。要求：以不改变个人完整技术风格为前提，挖掘技能、体能潜力和比赛心理承受能力。

（5）"模拟比赛"训练法。休息与试跳交叉进行，可以真实模拟出比赛的现场。运动员试跳后休息 5 分钟后再试跳。目的是提高专项训练强度和专项比赛能力。要求：练习过程中要集中精力排除困难和干扰，有效地完成每次试跳。

（二）体能训练

1. 跳高动作力量主要训练方法

跳高运动员的动作力量主要是指起跳力量，其中包括起跳腿支撑、退让、蹬伸力量和摆腿与摆臂的摆动力量。根据现代背越式跳高的技术特点，起跳与跳远起跳相似，摆动腿屈膝高抬，摆动幅度小、时间短、速度快。因此，背越式跳高运动员需要更大的快速力量。在跳高动作力量训练中，要把动作速率作为主要标准，通常用在 8 秒内能做 5 次快速下蹲的最大重量（约为自身体重的 80%）显示背越式跳高运动员的速度力量水平。

（1）负杠铃动作力量练习

目的：发展跳高运动员腿部支撑与蹬伸动作力量。

要求：杠铃练习的动作速度及用力过程要符合跳高技术要求，负荷强度要适宜。

主要手段：

负重快速蹲起（负自身体重的 50%）。每组练习不超过 5 次，可计时，限制在 8 秒以内。

负杠铃单腿上高台（40 厘米左右）快速蹬伸起，每组 5 次。可计时，重量可逐渐增加。

体前、体后直体提拉。窄握，全身用力将杠铃上提至颚前，手肘尽量上提。每组 5 次。

负杠铃（体重的 50% ~ 70%）半蹲跳。每组 8 ~ 10 次。

负轻杠铃大幅度弓箭步交换腿跳。每组 6 ~ 10 次。

负杠铃坐蹲起，凳高可自由升降，以达到屈膝成不同角度的目的（最大重量的 80%），每组 5 次。

（2）负轻器械做力量练习

目的：发展踝、腰、腹部和躯干力量及摆腿与摆臂的摆动力量。

要求：注意加快动作频率。所负重量要适宜，组间休息要充分。

主要手段：

一手持壶铃一手扶肋木做单腿快速蹲起提踵练习。每组 5 次，可计时。

负腰带（1～2 千克）做 3～5 步节奏跑起跳连续过 3～5 个栏架。

穿沙衣（3～5 千克）做上步起跳练习或 4 步助跑头、手、膝触高物及短程助跑跳上高台练习。

臂或腿负沙袋（1 千克左右），在弧形坡上（3°～6°）做上一步起跳练习。每组 3～5 次。

负沙袋深蹲行走与慢跑。练习时臀部稍微放低，大概到起跳前的位置，然后接着背向式慢跑。每组 20 米。

（3）徒手动作力量练习

目的：全面发展专项多种动作力量，提高腿部承受强大冲击力的支撑能力。

要求：必须认真选择与跳高在神经肌肉用力的性质上和在起跳阶段的动作结构上的生物力学特点一致的专门练习。

主要手段：

4～6 步单足跳、助跑跳高或摸高练习。

助跑单足五级跳。

从高台上跳下。（30～40 厘米），全脚着地或脚跟着地，上身直立，双臂协调摆动做背越跳高练习。

跳深（高 30～40 厘米）单足三级跳远。

更换起跳脚的 5 步助跑跳高。

单足单级台阶跳。注意双臂的协调摆动。每组 10 级。

步行或跑两级台阶。注意自然的分脚动作。每组 20 米。

5 步弧线助跑提膝过杆练习。杆放置在相对较低的高度上，保持摆动腿提膝越过横杆（或橡皮带）。

2. 跳高动作速度主要练习方法

动作速度是指运动员快速完成动作的能力，它是在完成某一动作的过程中表现出来的。跳高的动作速度主要体现在起跳阶段及助跑与起跳的衔接阶段和与其相关程度较高的环节上。动作速度有起跳摆腿与摆臂速度、起跳腿下压放脚速度、起跳腿蹬伸速度等。

发展跳高动作速度主要是通过快速重复完成某一动作的练习来实现的。主要训练方法有：

（1）起跳摆腿与摆臂动作速度练习

目的：发展肌肉收缩能力，提高起跳摆腿摆臂动作速度。

要求：根据运动员的专项能力，结合专项动作结构和技术动作速度要求，进行适当阻力负荷。

主要手段：

摆动腿膝、踝部（或摆动臂肘关节）拖橡皮条做快速上摆练习（橡皮条可固定在肋木上或由教练员拉住），用力以髋带腿摆动。连续做 8～12 次，然后除去橡皮条接着再做若干次。4～6 组。

摆动腿膝、踝部拖橡皮条，做上一步快速摆动起跳。连续做 8～10 次，然后除去橡皮条接着再做若干次。4～6 组。

两人面对面站立支撑，做摆动腿抗阻力向上抬膝练习。摆动腿膝抬至 45 度时为最大对抗力，连续做 5～8 次，然后接着再做快速高抬腿若干次。4～6 组。

肩扛杠铃屈蹲（自身体重的 50% 左右），快速摆腿成弓箭步。开始身体姿势高，以后逐渐降低身体姿势，注意保持身体的平衡。连续做 5～8 次，4～6 组。

肩扛沙袋 10 千克跳深（高 30 厘米），起跳脚落地接摆动腿快摆上高台。注意以髋带腿用力摆出。每组 5～8 次，4～6 组。

（2）起跳腿下压放脚动作速度练习

目的：加快起跳的动作速度，提高起跳腿以大腿带动小腿积极下压扒地动作及肌肉收缩速度和能力，改善中枢神经系统的协调性。

要求：做起跳动作时保持正确的身体内倾姿势及脚的落地部位，强化由髋、膝、踝依次用力的过程。

主要手段：

从一格低跳箱上（20厘米）向下迈步起跳跳上一格跳箱练习。连续做5~8次，共做4组。

起跳腿膝栓橡皮条向后快摆10~15次，然后除去橡皮条接着再做若干次。共做4~6组。

原地骑跨栏架上，身体稍向起跳腿倾斜，摆动腿立在栏后，起跳腿做快速迈步下压过栏。着地时起跳脚外侧跟部接触地面，然后通过脚的外侧滚动至全脚掌。由髋、膝、踝依次发力。连续做5次，4~6组。

踝（或膝）部拴橡皮条做支撑后蹬跑。强调用力快速后蹬连续20~30次，然后除去橡皮条接着再做若干次。共做4~6组。

负杠铃（重量为自身体重的50%）深蹲（大概起跳前的位置），行走与慢跑20~30米，然后放下杠铃接做原地纵跳若干次。做4~6组。

压住练习者的脚及小腿做上体前倾练习。动作速度不宜过快，连续做3~5次，4~6组。

（3）起跳腿踏伸动作速度练习

目的：充分利用助跑速度，加快起跳腿肌肉由退让转换为克制工作的速度，发展起跳腿的蹬伸速度和腿臂的摆动速度。

要求：在最短的时间内完成规定的数量，负荷强度不宜过大，蹬伸动作速度及角度变化符合跳高专项技术各环节的要求。

主要练习手段：

连续单或双脚跳越5~10个栏架，共做4~6组。栏架高度和栏距控制在运动员落地停留时间为0.18秒左右。

持壶铃（5~10千克）蹲跳，连续做10~15次，然后放下壶铃原地快速纵跳若干次，4~6组。注意：下蹲时大腿保持与地面平行，身体直立。

3步助跑起跳越过栏架接台阶（高40~60厘米）跳远。连续跳5次，4~6组。

负杠铃（约自身体重的307%~50%）连续弓步抓举起3~5次，4~6组。注意上体要直立，大腿保持与地面成水平，全身协调快速发力。

6~8步弧线下坡助跑踏高物（20~30厘米）起跳过杆练习，5~6次，4~5组。体准确扒地快速起跳及起跳时腿、臂快速蹬摆配合过程。

跳远技术战术

一、项目特征

（一）技术能力特征

跳远是运动员在快速助跑中起跳，跨越过尽可能远距离的水平跳跃项目。它是一个对运动员的速度、爆发力和协调灵活性要求较高的体能类的速度力量性项目。

跳远项目特性决定了跳远运动员的专项身体素质训练是以发展速度（移动速度、动作速度）为灵魂，以快速力量为核心，以耐力、柔韧为基础；技术训练中突出快速助跑及准确、强有力的起跳和连贯的跑跳结合技术训练，并注意技术与运动员身体素质能力的协调性，在实际训练中形成适合个体能力的技术特征，从而确保跳远的成绩稳步提高。

（二）专项能力特征

现代世界高水平跳远运动员特征可以归纳为：身体健康、身材较高，体型匀称，下肢较长、骨盆较窄、臀部肌肉向上紧缩、跟腱长而有力、脚弓高、踝围较小、脚掌富有弹性；具有较强的速度、爆发力和跳跃能力，灵敏协调性高，掌握了合理的、个体特点鲜明的跳远技术，跑动节奏感强，并具有较强的快速助跑下完成起跳的能力；心理稳定性和心理调节能力强，训练和比赛动机明确且获胜欲望强烈，思维敏捷且灵活，表象清晰，神经系统兴奋抑制均衡。

二、技术分析

跳远的完整技术，由助跑、起跳、腾空和落地等技术环节组成的一个完整的运动过程。其特点是技术动作数量少、结构简单，具有高速度、高强度的运动性能。

在学习掌握跳远运动技术过程中，要掌握跳远运动技术似乎并不难，但要精通跳远运动技术，特别是使它具有高速度、高强度的运动性能，却是有相当的难度的。这表现为：第一，要求运动员在极短的时间内，使距离和步数相对固定的助跑达到最高速度，准确地攻入起跳板，第二，要求运动员在助跑速度猛烈冲击下的瞬间（千分之一秒）进行起跳，把助跑速度转化成腾空初速度，第三，要求运动员起跳腾空形成的身体重心抛物线达到尽可能长的时间。第四，要求运动员在起跳腾空后，具有一种阻止身体向前旋转的能力，以保证落地时将两腿伸到身体重心的前面落地，而不致于使身体的任何一部分倒在落地点的后面。这些难点，在跳远运动技术的教学训练中，是需要认真下功夫攻克的。

（一）助跑技术

助跑是跳远运动技术的重要组成部分。它的主要任务是通过助跑获得水平速度，准确地跑入起跳板，为快速有力的起跳创造条件，作好准备。所以助跑必须做到快、准、稳、直四个要点。

跳远助跑

快，就是要跑得快，特别是快跑段的最后四步，跑的节奏越快越好，力求达到本人的最高速度。

准，就是要准确地跑入起跳板。

稳，就是助跑的起跑姿势、跑的技术、跑的距离和加速方法（步频与步长的比例）要稳定，不能随意变化。

直，就是要保持直线跑进，经济实效。

要做到快、准、稳、直四字要诀，就必须要有良好的助跑技术。完整的助跑技术是由起跑、加速跑、快跑等技术环节组成。它们之间是互相联系、互相影响、互相制约的统一体。现对助跑技术的各个环节分述于下：

1. 起跑技术

起跑技术的作用：

（1）可集中注意力，调节比赛情绪，稳定心理状态。

（2）调动体能，促进助跑顺利地加速，更好地提高跑速。

（3）保证助跑节奏稳定，步点准确。

跳远助跑的起跑技术有多种姿势，总的归纳起来，可分为动态起始式和静态起始式两大类。

动态起始式有以下几种方式方法：

（1）先走几步踏上起跑标记开始助跑。

（2）由走过渡到慢跑后踏上起跑标记开始助跑。

（3）走几步或慢跑几步后作一垫步踏上起跑标记开始助跑。

（4）先向后退一步然后上一步踏上起跑标记开始助跑。

采用这类助跑开始姿势时，如助跑步数是双数步，即用起跳脚的脚踏上起跑标记开始助跑。如助跑步数是单数步，即用摆动腿的脚踏上起跑标记开始助跑。

采用动态式起跑技术，动作自然放松，能轻快自如地调动体能积极加速，较有利于发挥助跑速度。但不易集中注意力。稳定情绪和控制动作用力的程度。容易影响全程助跑技术节奏的稳定性和准确性。

静态起始式有以下几种方式方法：

（1）半蹲踞式

根据个人习惯，用起跳腿（或摆动腿）的脚站在起跑标记线上，摆动腿（或起跳腿）后撤一脚，前后两脚的间隔距离约半脚，体重大部分落在前脚上；然后弯曲两腿，上体前倾将前腿的异侧臂伸直，用五指触地。前腿的同侧臂放在体后侧，体重落在前腿和支撑腿上，形成半蹲踞姿势。起跑动作近似短跑的蹲踞式动作。

（2）双脚前后站立式

两脚前后开立，根据个人习惯用起跳腿（或摆动腿）的脚在前，站于起跑标记线上，前脚跟和后脚尖的距离约一脚长，两脚左右的间隔约半脚，体重大部分落在前脚上；后脚用前脚掌支撑站立，然后两腿膝关节自然弯曲，上体前倾，逐渐往前移动身体重心，直至失去平衡的瞬间，前腿脚积极蹬地，后腿迅速前摆，双臂协调摆动跑出第一步开始加速跑。

（3）两脚平行站立式

两脚分开同肩宽，站立于起跑标记线上，两臂自然放松下垂置于身体的两侧；然后双膝自然弯曲，身体重心逐渐往前移，直至失去平衡的瞬间跑出第一步，开始加速跑。

采用静态式起跑技术，动作用力程度比较衡定，易集中注意力，稳定心理状态，有利于全程助跑技术节奏的稳定和准确。但由静态到动态的转换容易造成肌肉紧张。这种紧张往往影响助跑后程速度的发挥和快速有力的起跳。

总而言之，不管选用哪一种起跑技术，必须固定，并进行反复不断地练习，以求熟练地掌握。只有熟练地掌握适合自己的起跑技术才能使各种起跑技术避短扬长，克服不足之处，保证有效地达到起跑技术的应有作用和良好的效果。

现代国内外男女优秀跳远运动员，大多数采用动态起始式起跑技术，以利于更好的发挥助跑速度。因此，青少年跳远运动员应尽早地学习和掌握动态起始式起跑技术，以争取更多的时间进行反复不断地练习，以求熟练地掌握和运用。

2. 加速跑技术

跳远的助跑是个加速运动过程，助跑不论采取何种形式进行，速度的变化始终有一个不断地加速过程。只有通过加速过程，才能达到最高速度，处于高速运动状态。所以从速度的变化情况来看，跳远助跑的全过程基本上可以划分为加速段和快跑段。这是同一过程中不同性质的两个阶段。加速段的特性是：影响跑速的二个主要因素——步长和步频始终处于不断变化中，并导至跑速的不断提高。快跑段的特性是，影响跑速的二个主要因素——步长和步频基本上处于稳定的动态平衡中，跑速达到最高峰，保持高速运动。

因此，我们说的加速跑技术，或者说加速方法，主要是针对加速段的步长和步频的不同变化而言。从运动实践来看，加速段步长和步频的变化情况可归纳为三种，称之为三种加速方法。

（1）步频加速法

步频加速法是指用快频率发动跑速。在加速过程中，以加快步频力主，相应增加步长的方法来积极加速，达到最高速度。这种加速方法通常为个子矮小，灵活协调、爆发力好，快跑能力强，善于快速用力及放松的运动员所采用。

（2）步长加速法

步长加速法是指用积极后蹬，大步幅来发动跑速。在加速过程中，以加大步长为主，相应的加快步频的方法逐渐加速，达到最高速度。这种加速方法，是稳步加速，心现状态比较平稳，动作易做到自然放松，既能发挥跑速，又能从容地进入起跳，但需要有较长的助跑距离。所以这种加速方法适用于高个子、发挥跑速较晚和力量型的运动员。

（3）同步加速法

同步加速法是指在加速过程中，以步长和步频同步增长的方法来积极加速，达到最高速度。这种加速方法动作自然连贯、心理活动平稳，较适用于自我控制能力强，协调性好的运动员。

3. 快跑技术

跳远全程助跑的"快跑段"，一般是指最后 8 ~ 4 步助跑，特别是助跑的最后 4 步，直接与起跳相衔接，是一个重要的技术环节，通常人们称之为"助跑与起跳相结合技术"，这一阶段被称为"起跳准备阶段"。这阶段从生物力学角度分析，又可分为"意识准备阶段"和"跳跃功能性准备阶段"。

（1）意识准备阶段

意识准备阶段是在助跑倒数第四步和第三步之间，在此期间，跑的技术动作没有什么变化。突出的特点是，由于临近起跳，受"起跳"这一条件的强烈刺激，在大脑皮层形成一个"快速有力起跳'的优势兴奋灶，产生一系列条件反射：在心理上表现为充满信心，勇往直前，敢跑敢跳等心理特质。在跑的动作上表现出两腿抬、压、蹬的动作更加积极、快速、有力、充分，步频明显加快。

生物学家巴甫洛夫在分析有意识和无意识的生理机制时认为："只

有在当时条件下具有最适宜兴奋的皮质部位所完成的活动，才是有意识的。"根据这一理论，显然以上特点是一种有意识活动。而这种有意识活动，又是起跳前的必备条件。所以，这一阶段被称之为"意识准备阶段"。

（2）跳跃功能性准备阶段

生物力学明确指出："直接引起整个身体位移的动作，是位移的功能性动作，导致功能性动作开始的动作，叫做'准备性动作'。"所以倒数第二步和第一步组成起跳的跳跃功能准备阶段。其中倒数第二步是跳跃功能性准备阶段的准备性动作，倒数第一步是跳跃功能准备阶段的功能性动作。

倒数第二步的技术要求是：身体重心十分自然地稍有降低，支撑腿减少后蹬角，积极、快速有力的后蹬，加大步长，缩短腾空时间。上体正直，重心平稳而迅速地向前移动。起跳腿折叠大小腿迅速向前摆动，缩小两腿间的夹角，很快靠近即将着地的摆动腿，加速摆动腿的着地动作。

倒数第一步的技术要求是：摆动腿用前脚掌快速着地，积极退让，保证身体重心自然协调地下降，减少蹬地角，使大腿前侧肌群拉紧，促进髋部积极前移，用力蹬离地面，迅速以髋发力，大腿带小腿，大小腿折叠向前摆动，当起跳腿的脚将近着板时就跟上起跳腿，迫使起跳腿快速放脚着板；缩短步长和腾空时间，加快步频。一旦起跳脚着板就及时而准确的将身体重心移压到起跳腿上，上体保持正直。这一系列动作具有快速起跳的功能性准备性质，是组成快速起跳的重要条件，也是不可少的部分。

助跑最后四步经过如上的分析，可以认识到其作用如下：第一，将助跑和起跳相衔按的技术动作阐述清楚，进一步明确快速助跑与起跳相结合技术的完整概念。

第二，进一步认识到助跑最后四步的技术动作是由于"起跳"这一特殊条件刺激所引起的条件反射，在教学训练中，必须要善于利用"起跳"这一特殊的"刺激物"进行有效的反复练习，以形成正确而巩固的运动动力定型，熟练的运动技能。由有意识活动转变成为无意识的自然动作。第三，可以进一步明确助跑最后四步的跑法，是一种高步频、快节奏跑法。其运动学的特征是两腿加快抬、压、蹬的力量和速度，相应的缩短腾空时间，脚的着地点更靠近身体重心的投影点。

4. 助跑的距离和速度

助跑速度是决定起跳腾起初速大小的重要条件，与跳远成绩有密切的关系。而助跑距离是决定助跑速度大小的重要因素。据国内外专家多年研究确认，助跑速度与助跑距离具有一定的线性关系。跑速越高，助跑步数越多，助跑距离越长。

在确定助跑距离时，要根据运动员的个人特点，考虑运动员的身高、身体素质、心理素质、速度水平、助跑的起动姿势和加速方法、控制跑速的能力及起跳技术等因素。

经过诸项因素的分析，助跑步数一旦确定，与助跑步数相应的距离，在一段时期内（如一个训练年度内）不应随意变动，要保持相对的稳定，以便于进行反复练习，熟练地掌握全程助跑技术节奏，这也有利于助跑速度得到充分发挥和利用。这里所说的相对稳定，是指在某一训练阶段内的训练和比赛，全程助跑的步数不变。而与助跑步数相应的助跑距离，则应随训练和比赛的具体情况（如场地、气候、体力、竞技状态等）进行必要的随机调整，以利于助跑更好地为起跳创造条件，作好准备。另一则意思是，过了一段时期后，随着训练水平的提高，身体素质、速度水平、心理状态和起跳技术都会有不程度的变化，因此，助跑步数和距离也应随诸因素的变化而变化，重新作适当的调整。尽管助跑速度是决定跳远成绩的重要因素，但它还是要与起跳技术、起跳力量相一致，并处于平衡情况下，才能起作用。

（二）起跳技术

起跳是改变人体运动方向的主要技术环节。它的主要任务是在助跑速度猛烈冲击下的瞬间，进行快速有力的起跳，创造适宜的腾起角，将助跑的水平速度转变成腾空的初速度，来获得跳的远度。

助跑速度对起跳脚着地的冲击力是非常大的。根据苏联米哈依诺夫等人的实验结果和我国国家体委科研所王清等人的研究：跳远的踏跳在放脚着地瞬间，其垂直分力，男子可达 1000 公斤左右，女子最高可达 900 公斤左右；水平分力男子可达 450 公斤，女子最高可达 300 公斤左右。这说明在助跑速度猛烈冲击下的快速有力起跳是很困难的，必须要有很强的支撑能力和完善的技术，才能创造适宜的腾空角和获得理想的腾空初速度。

跳远运动近似物理力学的抛射运动，决定跳远远度的主要因素是人体重心腾起时的初速度和腾起角。而腾起初速和腾起角的大小，又决定于助跑速度猛烈冲击下起跳时获得的水平速度和垂直速度互相矛盾、互相促进的结果。因而如何处理好水平速度和垂直速度这一矛盾运动，是起跳技术的实质和核心。

起跳技术结构可分为着地、"退让"和蹬伸三个部分。这三个部分，既有不同的力学特征和具体的技术要求，又有密切的内在联系，是个完整的技术环节。总的要求是，放脚着地要快速而柔和，"退让"积极而适度。蹬伸动作有力、快速而充分。

1. 放起跳脚的着地技术

在助跑最后一步，摆动腿快速着地，积极"退让"，重心自然稍有下降，减少蹬地角，快速用力蹬离地面后，迅速折叠大小腿向前摆动，迫使起跳腿向前低抬大腿、积极下压、几乎伸直腿，快速放脚着地成全脚掌支撑。脚着地要积极快速而柔和，落地点在离身体重心投影点一脚半左右的地方。

在起跳脚着地瞬间的生物力学特征是：起跳腿微屈，近似伸直，髋关节处的角度为165～170度，膝关节的角度为175～178度。着地角为65度～70度。两大腿间的夹角为32～33度，上体微有后仰（近于正直），后仰角为80～90度。

2. 起跳脚的着地"退让"技术

在起跳腿的脚成全脚掌支撑的同时，摆动腿折叠大小腿，迅速向前摆过垂直面，推动身体重心及时而准确地移压到起跳腿上。上体成正直姿势，颈直头正，下颚略内收，眼视正前方，两臂摆至靠近躯干的前后两侧。

起跳腿着地"退让"技术的生物力学特征是：整个"退让"时间在0.02秒左右。膝关节弯屈在135～143度之间。通过"退让"可以减轻人体在起跳瞬间所承受的巨大压力，减少水平制动冲量，从而降低水平速度损失量，保证实现肌肉超等长收缩，使肌肉处于最大紧张，为随后的快速有力的蹬伸创造有利条件。在"退让"过程中，身体重心趋于逐渐上升状态。

3. 起跳腿的蹬伸技术

在积极"退让"、身体重心及时而准确地移压到起跳腿上时，起跳腿就快速用力蹬地，充分蹬直髋、膝、踝三关节的同时，摆动腿以髋发力带动大小腿成折叠状，以膝领先，快速而协调地向前上方摆动，摆至大腿成水平。两臂协调一致地配合腿的动作向前上方摆动，摆至上臂与肩平时即时停止，并提肩提腰，头正颈直，眼视

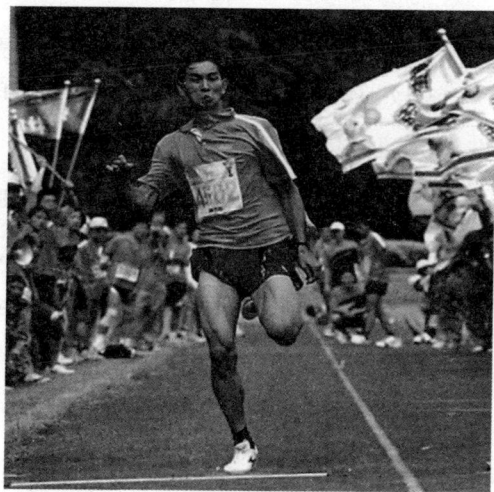

跳远起跳

前方。直至脚尖离地完成蹬伸动作，形成腾空步。

起跳腿蹬伸技术的生物力学特征是：蹬地角约 75 度左右，

腾起角在 18～24 度，嫌起初速度可达 9.2～9.6 米/秒。起跳时间如 0.1～0.13 秒。蹬伸动作结束时身体重心处于较高位置。

综上所述，完整的起跳技术是由身体各个部位——头、躯干、两臂、两腿协调动作，同步完成着地、"退让"、蹬伸等技术动作的过程。但在这个过程中，身体各部位动作的作用是不同的，特别是摆动腿动作和两臂的摆动动作，要引起足够的重视。摆动腿和两臂的摆动动作有以下作用：

（1）摆动腿快速有力蹬地和摆动，能更好的利用助跑速度，推动身体重心迅速前移，加快起跳腿的放脚着地动作。

（2）在起跳脚着地后，摆动腿和两臂的协调摆动，能减轻起跳脚着地时的冲撞力，有利于起跳腿的积极"退让"，缩短"退让"的时间。

（3）当起跳蹬伸时，摆动腿和两臂协调快速向前上方摆，能加大起跳腿对地面的作用力，增加起跳力量。

（4）在摆动腿和两臂摆至水平时的"突停"，能更好的利用起跳惯性，加速身体向前上方腾起。

（5）能维持身体平衡，以免影响起跳的方向。总之，摆动腿和两臂的协调摆动动作，对完善起跳技术，加快起跳速度和提高起跳效果，都有重要作用。在教学训练中，对摆动技术必须予以相当的重视，严格训练。

（三）腾空技术

根据运动生物力学的常识，人体在腾空阶段，在没有外力作用下，做任何动作都不能改变身体重心移动的轨迹。从这一原理来看，在跳远的腾空阶段，人体的任何动作，对跳远的远度意义不大，或者说没有什么作用。但在实践中，在跳远的腾空阶段，人体通过做一些身体各部位互相补偿的空中动作，还是有利于起跳动作和更合理的利用人体在空中身体重心移动的轨迹。

跳远腾空动作的动力主要来源于起跳。空中动作的主要任务是利用身体的补偿动作，维持身体平衡，为正确合理的落地动作创造条件，作好准备，以便充分利用身体腾空抛物线的轨迹。

跳远中的空中动作有蹲踞式、挺身式、走步式三种。

1. 蹲踞式

蹲踞式是最古老、最简单易学的一种空中动作。在助跑起跳腾空后，保持较长时间的腾空步（约占整个腾空时间的 2/3），上体正直，双臂成前上举。过了 2/3 腾空时间，

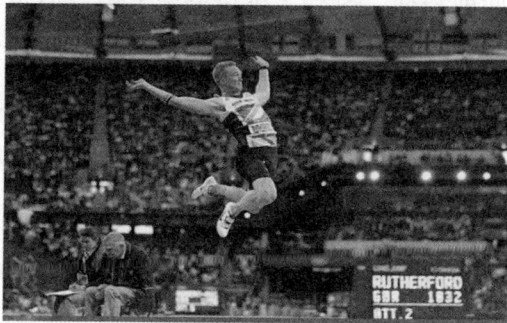

跳远腾空

即将留在身后的起跳腿迅速向前提拉，弯曲大小腿，然后与摆动腿并拢，两腿继续上举，膝部接近胸部成蹲踞姿势。在落地前上抬大腿，前伸小腿，上体前倾的同时，两臂由上前方向下后方摆，准备落地。当脚跟一触沙面，即屈膝缓冲向前跪，两臂由下后方向前摆，引身体重心迅速移过落地点。

这种技术动作，由于下肢弯屈靠近身体重心，旋转半径缩短，容易造成身体向前加速旋转，严重影响正确而合理的落地。因而，要十分注意在空中保持上体和头部的正直姿势，以维持身体的平衡。在落地前一定要注意上体不要过分前倾，尽力做到送髋，前伸小腿落地，以保证落地合理。

2. 挺身式

起跳成腾空步后，摆动腿大腿积极快速下压，迅速伸直腿向下后方

摆动，向前送髋与身后的起跳腿靠拢。抬头挺胸，双臂成肩上后方举，全身充分伸展，使身体在空中形成一个展身背弓姿势，以维持身体的平衡。待越过身体重心抛物线的最高点时，即做收腹举腿，两臂向前下方轮摆，前伸小腿进行落地。脚跟一触沙面时即屈膝缓冲，双臂由前向后再向上前方轮摆，使身体迅速地移过落地点。

挺身式空中动作，由于有展身动作，这就减慢了由起跳引起的任何向前转动，有利于维持空中平衡。但是，由于在空中的双腿动作是被动的，不能发展足够的角动量去超过总的角动量来完成对转动的抵制。所以，在完成展身动作做收腹向前举腿落地动作的时候，将再次表现出身体原来的向前转动。为避免收腹举腿造成的再次向前转动，在落地前一定要保持上体正直，两臂不要过早、过猛地向前下方摆动，并且要做到送髋，前伸两腿落地。

3. 走步式

为抵制由起跳引起的任何向前转动，保持身体平衡和获得最好的落地动作，运用最广泛的空中动作是"走步式"这种动作有时也被人们称为"空中跑步式"的技术动作。

走步式空中动作大致有二种形态：一种是带有展身动作的空中换步技术；另一种是如同自然的跑步动作的空中换步技术。这两种空中换步技术之所以不同，仅仅是一种带有展身动作，一种不带展身动作。它们在空中的换步顺序是一样的：在起跳成腾空步后，摆动腿大腿积极下压，迅速向下后方摆动，摆至身后的同时，起跳腿屈膝，折叠大小腿，以髋发力向前上

跳远腾空走步式

方摆至大腿成水平，完成两腿前后交换动作。肩轴做与骨盆轴扭转的反方向转动，带动两臂协调配合换腿动作，在体侧作前后交叉绕环动作。上体稍后仰，随后处在身后的摆动腿向前上方提拉，并与起跳腿并拢，完成二步半走步式动作。形成准备落地姿势，做送髋前伸小腿的落地动作。当双脚触沙时，两腿屈膝缓冲，两臂迅速由下后方向上前方摆动，引身体重心很快地移过落地点。

走步式跳远具有很多优点：

（1）走步式是人们最自然习惯的走步动作在空中的一种演变。这样的动作和助跑起跳的动作结构相一致。因此，在空中作走步式动作可以促使运动员把助跑起跳、腾空落地等一系列动作统一成"跑"或"走步"的这一自然而习惯的动作中。这样运功员在起跳前大脑皮层中枢就容易形成"跑"的兴奋灶，引起运动员在空中完成跑步动作的肌肉活动的"条件反射"，因此有助于快速助跑和起跳。

（2）由于在空中相对运动的物体比静止的物体更容易控制平衡，因此走步式比挺身式，蹲踞式更容易控制身体的空中平衡，可以相对地延长腾空时间。

（3）由于走步式在空中连续"跑动"形成身体稍后仰，骨盆前送，为良好的落地动作提供了有利条件。

跳远的空中技术动作，对跳远成绩虽不能起到最主要的作用，但也具有一定的影响。所以跳远的空中技术动作，在实践中，依然引起人们的关注和兴趣学习，掌握何种空中技术动作也必然成为跳远爱好者不得不考虑的何题。

一般情况来说，选择空中技术动作，要因势利导，根据个人的具体情况和特点来定。对于青少年跳远运动员来说，最好在教学训练中先学蹲踞式，后学挺身式，最后再学走步式。在学会三种技术动作的基拙上再根据个人的兴趣和特点，以适合个人能力得到充分发挥、有利于空中平衡和落地为原则来确定其中的一种。

（四）落地技术

落池技术动作是充分利用抛物线轨迹的另一个方面，它的技术动作好坏，直接影响到跳远的成绩。据很多研究表明，良好的落地技术，能使跳远成绩增加20厘米左右。

跳远的落地技术动作有三种：侧倒法、前倒法和臀坐法。

跳远落地

1. 侧倒法

当脚后跟一触沙面，即一侧腿紧张用力地支撑着，另一侧放松。身体重心在双臂摆动的带引下，向支撑膜的侧前方运动，身体随即向支撑腿的侧前方倾倒。

2. 前倒法

当脚后跟接触沙面时，脚掌下压，双膝迅速弯屈缓冲。借助双臂向下后方摆动的力量，向前跪膝倒身，使身体迅速移过落地点。

3. 臀坐法

这是近几年兴起的一种落地技术动作，具体作法是迅速送髋前伸腿落地，双脚跟一触沙，即借助惯性力，双脚抬起使身体继续往前运动，用臀部坐落于落池点的前面。

不管哪种落地技术动作，都应做到以下几点：

（1）尽力使身体重心迅速移过落地点，避免身体后倒和身体任何一部分触及落地点的后面。

（2）小腿应该尽量的向前伸，以充分利用抛物线的轨迹。

三、训练方法

（一）技能训练

1. 快速助跑加速能力训练方法

跳远的助跑过程属于加速跑。提高运动员在较短的距离内获得较高速度和在较高速度下再加速的能力，提高运动员在助跑的最后几步保持最高速度的能力，有利于使助跑与起跳的衔接更加紧密。而要使运动员在助跑的最后几步跑出具有高频率的最大速度，必然要求支配手足快速摆动的神经活动能力高于短跑。因此，在短跑训练中发展跑的加速能力，应重点体现高频率、高重心、大步幅的特点。在快速助跑加速能力训练中，应大量结合其专门化的助跑节奏和快速起跳训练，以提高神经支配肌肉的特殊能力。

常用的训练手段与方法有各种短距离的冲跑、行进间跑、短距离跑、下坡跑、在保持步长的基础上达到最大步频的短距离跑、在短距离内尽可能快地发挥最高跑速的能力训练、专项助跑速度训练、在短跑训练感觉良好的条件下接着进行助跑训练、在短跑道上进行助跑节奏训练、在助跑的最后几步达到最高的步频训练等。

2. 快速起跳能力训练方法

由于起跳腿的负荷会因助跑速度的提高、起跳速度的加快、腾起高度的增大而随之加大，所以运动员如不具备快速、协调和瞬间爆发性地表现出最大肌肉紧张的能力，就不可能很好地改进技术。因此，在冲击性肌肉活动的训练中，只有通过大量的快速助跑起跳训练才能发展快速起跳能力。

常用的训练手段与方法有：采用快跑节奏练习与起跳的衔接、顺风或超长助跑距离的高速助跑起跳达到起跳腿的超负荷冲击性肌肉负荷刺激，使起跳腿获得更为强烈的适应性反应，以不断提高与高速助跑相适应的快速起跳能力。此类方法也可用于提高运动员的起跳速度和改进起跳中身体各环节的快速协调配合能力。

3. 准确起跳能力训练方法

助跑的准确性在很大程度上取决于运动员最初几步的稳定性和最后几步助跑节奏的稳定性；取决于运动员对外界条件变化的调整能力；取决于运动员跳出好成绩的自信心。

常用的训练手段与方法有：设置标志，以稳定运动员最初几步的步幅；在助跑的最后几步设置加速标志，以刺激运动员形成高步频的助跑节奏；在降低难度的条件下进行助跑，以利于运动员更好地体会高速助跑起跳节奏；在不同距离内以相同的步数或在不同的条件下以相同的距离进行助跑训练，以提高运动员的目测距离和调整步长的专门能力。

4. 助跑和起跳连贯衔接能力训练方法

助跑和起跳技术结合得好坏，主要体现在运动员能否在快跑中完成有效的起跳动作。在助跑的最后几步，尤其是在助跑的最后两步，应跑出高步频的最大速度，以刺激运动员形成高速度的助跑起跳节奏。

常用的训练手段与方法有：在降低难度的条件下进行助跑起跳；以最高速度跑过起跳板的心理进行助跑起跳；利用顺风等有利条件迫使运动员以更高的速度或在高步频的情况下进行起跳，以利于运动员更好地体会高速助跑起跳节奏。

5. 空中协调能力训练方法

在完成腾空步时，要特别强调腰部的紧张和向前送髋，以减小身体的前旋。在腾空中运动员应当保证身体平衡，这是在正确完成起跳之后才出现的。

常用的训练手段与方法有：进行不同助跑距离和不同要求的跳远训练。可利用标志物来帮助运动员控制身体姿势和增加身体在垂直方向的运动幅度，或促进运动员更快地完成起跳动作，从而使身体在腾空阶段更加平稳。

6. 跳跃强度控制能力训练方法

强度训练的目的是使训练保持有利于发展速度和爆发性的特征。其负荷量度主要是以专项训练水平的检测成绩为强度标准，以不断积累完成这一强度的量为基础来调控负荷量度。运动员恢复过程的快慢，直接影响到整个训练过程中专项训练强度和量的实施。因此，应强化整个训练过程，采用在接近比赛的条件下训练和比赛已成为强化训练过程和保证练习的性质不被改变的手段。

常用的训练手段与方法有：在训练和比赛条件下进行意志品质、技术和战术训练，在良好的条件下提高技术训练的强度，在加难练习条件下发展跳跃的能力。

（二）体能训练

1. 专项动作力量训练方法

专项力量的效果主要取决于在多大程度上能适应专项运动的要求（动作幅度、动作速度、用力特性等）。为此，运动员应大量采用符合跳远项目跑跳的力量——时间结构要求，使力量与技术动作练习相结合的跳跃训练，以突出快速发力和由退让转化为克制的转换速度，使力量训练更经济实效。

常用的训练手段与方法有：各种快速跑进中的跳远练习、助跑摸高跳、助跑跳跃障碍物、超正常助跑距离的跳远、在增加练习难度的条件下进行专项助跑起跳和跳跃练习、交替进行拖重物跑和正常跑。

采用以上练习应注意以下几点：

（1）在助跑速度尽可能快的基础上完成起跳技术。

（2）最后几步助跑应保持快节奏跑上板。

（3）在保证起跳效果的前提下，起跳应尽可能快地完成。

（4）练习中，首先应保证技术完成质量，其次要强调跑跳的练习强度，最后需保证必要的练习次数。

2. 专项动作速度训练方法

动作速度具有专门性的效果。其生理基础是在肌肉和神经系统中产生对速度的专门性适应变化。这种速度的发展，主要决定于神经系统功能的提高、肌肉物质能量代谢特点的改善、肌肉收缩的力量与速度的有效发展，以及完成技术的熟练程度等综合因素的提高。

常用的训练手段与方法有跳深、斜坡道、大顺风和超长助跑距离进行高速助跑起跳，并广泛利用比赛氛围进行速度和专项训练。

练习要求：

（1）要注意采用的练习难度应与练习者的水平适应，并随其能力的提高逐渐增加练习难度要求。

（2）神经系统的状况对保持高度的工作能力和提高成绩影响很大，专项训练时运动员的神经系统应经常保持在良好的状态。

PART 8　裁判标准

跳高裁判标准

一、裁判人员的设置与职责

1. 主裁判 2 人，其职责为：

（1）领导本组成员学习田径规则有关部分和竞赛规程，负责本组成员的分工与裁判工作细则的制定。

（2）组织全组裁判员在赛前检查场地器材，并进行实习，熟悉器材性能。

（3）领导本组成员确保田径竞赛规则的贯彻执行，顺利完成跳高比赛任务。

（4）向运动员宣布比赛注意事项及起跳高度与升高计划，并组织运动员进行赛前练习。

（5）掌握比赛进程，监督丈量高度，督促全组裁判员认真工作，协助起跳点裁判判定试跳成功与失败。处理比赛中的争议，如不能解决时，则及时报告田赛裁判长。

（6）审批运动员请假事项。

（7）审查成绩和录取名次并签字。运动员破纪录后报请田赛裁判长、技术官员，审核成绩并签字。

2. 起线点裁判员 1 人，其职责为：

（1）判定试跳成功与失败（用白、红旗表示）。

（2）丈量高度。

（3）指挥并监督服务人员整理好海绵包。

3. 时限员 1 人，其职责为：

负责掌握运动员每次试跳的时限。

4. 放置横杆裁判员 2 人，其职责为：

（1）负责横杆的升降。

（2）放置横杆。

（3）协助起跳点裁判员判定试跳是否犯规。

5. 记录员 2 人，一人为记录员，一人为检查记录员。

记录员职责为：

（1）登记起跳高度。

（2）根据检录表，报告试跳及准备试跳运动员的号码。

（3）迅速准确地记录每名运动员的成绩，排列名次后交主裁判和技术官员签字。

检查记录员职责为：

（1）检查记录员记录的成绩、符号是否正确，并独立对运动员试跳成绩进行记录。

（2）操作成绩公告牌，及时显示横杆高度以及试跳运动员的号码、试跳次数。

（3）指示终端操作员输入试跳成绩。

6. 管理裁判员 2 人，其职责为：

（1）负责到赛前控制中心进行检录，并带领运动员入场，交主裁判，同时交检录表。在比赛中陪同请假运动员离开比赛现场。带领比赛结束的运动员到赛后控制中心。

（2）负责维持赛场的秩序，检查运动员助跑标志物是否符合规则要求，在助跑起点处督促运动员做好试跳准备。

7. 终端操作员2人，其职责为：

（1）赛前将高度登记表显示在终端机屏幕上，与检录表核对。

（2）比赛时将记录员报告的成绩显示在屏幕上，经检查无误后进行输入。

（3）终端操作员工作时，一人操作，另一人检查，确保显示内容无误。

8. 服务员2人，其职责为：

（1）即时整理比赛场地，保证海绵包的平整。

（2）保证赛场整齐及饮水供应。

（3）完成主裁判交给的其它临时性工作。

二、裁判工作方法

1. 工作流程

比赛之前：在比赛之前，主裁判应主持全组裁判员学习竞赛规则的有关章节和竞赛规程等文件，并根据比赛时间及比赛程序明确裁判员职责与分工，详细探讨裁判方法，制定裁判工作的细则。同时应在比赛前检查场地器材，熟悉器材性能。赛前按大会统一安排检查场地器材，并能熟练掌握所用器材性能和使用方法。发现问题及时向裁判长反映，及时处理，以做到在比赛中万无一失。

在比赛过程中，全体人员必须在赛前按田赛裁判长规定的时间，到指定地点集合，主裁判向田赛裁判长报告本组裁判人员出席情况。

在比赛前40～50分钟时，由主裁判带队进入比赛场地，对场地器材、仪器设备进行检查和调试。在检查和调试时，首先注意跳高立柱与落地区之间至少应有10厘米的间隔，立柱之间距离为4.00～4.04米，固定好立柱之间横杆垂直面的地面延长线。要确定横杆弯斜不超过标准，放在横杆托上时，最多下垂2厘米。检查时，在横杆中部悬挂3千克重物，最多允许下垂7厘米。在比赛中跳高架不应移动，除非裁判长认为该起跳区或落地区不适宜于比赛（此类移动只能在一轮试跳完毕后进行），丈量好第一个试跳高度，并显示在公告牌上。

在放置横杆和丈量高度时应注意以下几点：

（1）横杆两端与立柱之间应有至少1厘米的空隙。

（2）横杆两端的各个面始终朝向各自原定放置的方位。为避免差错，可在横杆两端的平面上做出朝向标记。

（3）丈量高度应从地面垂直丈量到横杆上沿的最低点。丈量时应以1厘米为单位，不足1厘米不计。

（4）横杆高度丈量后，如横杆曾被触及，裁判员在每次后续试跳之前，必须再次审核丈量。

（5）指派管理裁判员和记录员到赛前控制中心进行检录。

检录时应按规则规定和大会的要求严格执行，并应特别注意运动员应穿着本队正式批准的统一服装。应该检查运动员是否按规定佩戴号码；号码是否与秩序册中的号码相一致；仔细检查比赛时所穿的钉鞋是否符合规则要求；检察运动员是否携带不允许带进场的盒式录音机、收音机或类似装置等。

赛前35分钟，管理裁判员带领运动员入场并交主裁判，同时交检录表。主裁判向运动员提示注意事项，宣布起跳高度及升高计划后，令运动员开始丈量步点，每名运动员可使用1到2个标志物（由竞赛主办方提供）。

赛前20~25分钟，组织运动员按比赛顺序进行1到2次赛前的试跳。

赛前3~5分钟，停止练习。主裁判监督丈量第一个起跳高度。记录裁判员登记运动员免跳高度，其它裁判员整理场地。管理裁判员在运动员休息处附近用小黑板公布运动员起跳高度、免跳及每次试跳结果，以便运动员掌握各自的试跳顺序。

根据规定时间开始比赛后，显示牌显示第一位试跳运动员的号码、跳次。起跳点裁判员站在跳高架旁——运动员助跑方向的异侧面，将红旗平举，放下红旗时，计时钟开始启动，运动员试跳开始。

当计时钟距时限还有 15 秒钟时，时限员应即举黄旗示意。当时限已到时，黄旗即落下，运动员不得试跳，起跳点裁判员举红旗，以失败论处，记录员记该运动员一次无故延误比赛，试跳失败。

如果在比赛中再次无故延误比赛时间，即取消该运动员继续比赛的资格。但在此以前的所有成绩仍为有效。当裁判员通知运动员试跳开始后，运动员才决定免跳，而时限已过，仍应判为该次试跳失败。

运动员试跳成功，裁判员上举白旗，失败举红旗。

有下列情况之一者，则判为试跳失败：

（1）不是用单脚起跳。

（2）试跳后，由于运动员在试跳时的动作，致使横杆未能留在横杆托上。

（3）在越过横杆之前，身体任何部分触及立柱之间，横杆延长线垂直面以外的地面或落地区者。

（4）错过该次试跳顺序者。

（5）超过时限者。

运动员在试跳中，倘一脚触及落地区，而裁判员认为其并未从中获得利益，则不应判为试跳失败。

运动员在试跳过程中，遇有下列情况，也不应判为该次试跳失败，可令其重新试跳：

（1）横杆被风吹落。

（2）横杆托松脱横杆下落。

记录员在成绩记录表上清楚地标明成功或失败的符号。检查记录员负责及时在显示牌上显示试跳成绩。

记录时，书写要整洁、清楚、准确。为避免差错，可备一透明直角三角板，对准记录表横竖行，依次记录。

终端操作员输入成功或失败的信息。

记录员告诉检查记录员准备试跳运动员的号码，检查记录员在显示牌上显示。管理裁判员通知该运动员做好试跳准备，起跳点裁判员将红旗平举，运动员准备试跳。红旗放下，运动员开始试跳。

准备试跳的高度，凡超过世界、亚洲、全国纪录时，主裁判应请田赛裁判长、技术官员，对横杆的高度进行核查。

如运动员跳过破纪录的高度后，请田赛裁判长和技术官员再次检查高度无误后签字。

一个高度比赛结束后，被淘汰的运动员由管理裁判员带领退出比赛场地。最后三名运动员在比赛结束后，仍由管理裁判员带至赛后控制中心。

比赛结束后，记录员整理好所记成绩、名次，并与终端核对无误后，交主裁判、技术官员、田赛裁判长审核签字，最后送编排记录公告处。

主裁判集合全体人员退场。

比赛之后：比赛结束后进行小结，全部比赛结束后进行集体总结，并写出书面材料交田赛裁判长。同时清理有关手续，做好善后工作。

2. 其他事项

（1）控制中心的配合及要求：

核对运动员身份卡，并交由负责的管理裁判员统一管理，赛后在赛后控制中心发还。

检查是否按规定佩戴号码。号码必须与秩序册中的号码一致。检查比赛服装，运动员应穿着本队正式批准的统一服装。

检查比赛时所穿的钉鞋，必须符合规则要求。

禁止运动员将盒式录音机、收音机、CD机、移动电话等类似通讯工具带进场内。检查运动包、个人物品、广告，发现任何违反规定的物品由赛前控制中心的裁判员收管并发给运动员相应收据，运动员在赛后控制中心凭收据领回。

（2）除田径规则中明文规定的有关内容予以强调外，还应向运动员提示的其他注意事项：

运动员可以在主裁判宣布的升高计划任意高度起跳，也可在以后的任意高度上决定是否试跳。但运动员在某高度上请求免跳后，则不得在该高度上恢复试跳，除非出现第一名成绩相等的情况。

丈量步点须使用竞赛主办方准备的标志物。每名运动员可在跑道旁放置 1 到 2 个标志物，不得用粉笔或类似物质以及其它任何擦不掉痕迹的物质。

（3）时限要求：

记时员要掌握跳高每次试跳的时限为 1 分钟。当比赛只剩 2 或 3 名运动员时，每次试跳时限为 1.5 分钟。当比赛只剩下 1 名运动员时，试跳时限为 3 分钟。在比赛中还剩 1 名以上的运动员比赛时，如果同一名运动员连续进行两次试跳，其试跳的时限为 2 分钟。比赛开始后，当显示牌显示某试跳运动员的号码、跳次时，开始计时，如使用秒表计时，还剩 15 秒时，时限员应立即举黄旗示意（或口头提醒运动员）。当时限已到，而运动员尚未开始助跑时，应判该次试跳失败。如时限到时运动员已开始助跑，不判为超时限，否则将不准其完成该次试跳，起跳点裁判员举红旗，以失败论处，记录员记该运动员一次无故延误比赛，试跳失败。如果再次出现延误，即取消该运动员继续比赛的资格。但此以前的所有成绩仍为有效。当裁判员通知运动员试跳开始后，运动员才决定免跳，而时限已过，应判为该次试跳失败。

（4）比赛名次的判定

比赛结束时，记录员应按照运动员的最佳成绩排定比赛名次。出现成绩相等时，在出现成绩相等的高度中，试跳次数较少者名次列前。如成绩仍相等，在包括最后跳过的高度在内的全赛中，试跳失败次数较少者名次列前。如果成绩仍然相等并涉及第一名时，应及时通知管理裁判员，组织相关的运动员进行决名次的比赛。涉及其它名次时，成绩相等的运动员名次并列。

当出现第一名成绩相等而进行决名次赛时，首先在造成其成绩相等失去了继续试跳权利的最低失败高度上，每人再试跳一次。如果有关运动员都跳过或都未跳过而仍不能判定名次时，则横杆应提升或降低 2 厘米，直至决出名次为止，涉及到的运动员必须参加决名次的试跳。

（5）特殊情况下的判定

运动员在试跳过程中触及横杆，横杆未掉落，而横杆托下滑，除对横杆托认真检查的同时，应按运动员受阻处理，即允许该运动员重新进行试跳。预防的方法，应该在比赛前认真检查器材的质量及性能，比赛时将螺丝拧紧以后再用力下压杆托，以保证其不会下滑。

（6）刮风天气下的判断

比赛时遇到刮风天气，如果运运员试跳中横杆掉落，应认真观察，如实判定是风吹横杆，还是运动员的身体触落横杆。如果是前者则不能判为失败，应按运动员受阻重新试跳；如果是后者，则应判定试跳失败。判决时应通过自己敏锐的观察作出公正的判决，否则就会造成误判。

（7）掌握恰当的举旗时机

运动员越过横杆时，由于身体接触，横杆往往会出现短暂的晃动，这时裁判员应认真观察横杆，当确认横杆不会落下时，才能举白旗表示此次试跳成功。裁判员应避免出现因举旗过早，出现示旗成功后横杆又随即掉落的情况，造成裁判工作的被动。

跳远裁判标准

一、裁判人员的设置与职责

1. 主裁判 2 人，其职责为：

（1）共同领导本组人员严格按田径竞赛规则规定完成跳远的裁判工作，并负责本组人员的学习、实习、分工与制定裁判工作细则。

（2）掌握比赛情况，控制比赛进程，重点监察起跳点裁判员的判定和成绩的丈量工作。

（3）在比赛之前领导全体裁判及相关人员做好赛前准备工作，安排有关人员与赛前控制中心一起完成运动员的检录工作，并负责领导本组人员的进退场工作。

（4）在比赛过程中，一名主裁判负责全面工作并兼管观察旗示裁判员的判决，监督丈量；另一名主裁判负责记录台和管理裁判员的工作，二人协调配合。

（5）当运动员对本人试跳失败的判罚提出口头抗议时，要保留现场（最好有录像纪实）并丈量与记录该次试跳的成绩（记在备注栏内）。

（6）请田赛裁判长、技术官员审核创纪录的现场与成绩。

（7）审批运动员请假事项。处理执行裁判过程中的问题，出现争议时及时报告田赛裁判长。

（8）及时处理有关运动员提供或接受帮助的情况，但对于取消比赛资格的判罚处理，仍须由田赛裁判长执行。

（9）当比赛结束时，检查全部成绩与名次无误后签字，并请田赛裁判长、技术官员在成绩记录单上审核签名。安排主记录员将成绩送至编排记录中心，管理裁判员将运动员送至赛后控制中心。

2. 旗示裁判员 1 人，其职责为：

（1）主裁判协作，根据《田径竞赛规则》的有关规定，判定试跳成功或失败，并举旗示意。

（2）检查橡皮泥显示板是否符合田径规则的有关要求。同时检查起跳板显示标志放置的位置是否合适。

（3）负责确定起跳板的适当位置，根据比赛进行情况适时放置暂停比赛标志，需要继续比赛时则取走暂停比赛标志。

（4）监督丈量员丈量成绩并准确报出成绩。

3. 落点裁判员 1 人，其职责为：

（1）负责落点痕迹的判定。

（2）根据《田径竞赛规则》的有关规定，在落点插上标志。

（3）检查并确定成绩的丈量有无差误。

（4）指挥与检查平沙坑服务员的工作。

4. 远红外测距裁判员 1 人，其职责为：

检查橡皮泥

（1）根据规则要求，赛前做好测量仪的调校工作，保证测量成绩的准确性。

（2）赛前做好与电脑线路、程序的连接工作，保证测量结果能及时、准确地传送到电脑中。

（3）与落点裁判员、测量检测裁判员合作，保证成绩测量的准确性。

5. 远红外测距检测裁判员 1 人，其职责为：

（1）检测远红外测距裁判员的测量工作并确认测量成绩是否准确。

（2）向旗示裁判员示意成绩测量结束。

6. 管理裁判员 2 人，其职责为：

（1）管理运动员，并负责赛场秩序。

（2）负责陪同请假运动员离开比赛现场，引导淘汰运动员退场，带领获名次运动员到赛后控制中心。

（3）两位管理裁判员中，1 人负责按比赛顺序，提醒、监督运动员准时参加比赛，护送获名次运动员到赛后控制中心。1 人负责护送未获得第 4~6 轮比赛资格的运动员和及格赛达到及格标准的运动员到赛后控制中心；检查助跑标记的放置是否符合规则的有关规定；维持赛场秩序；观察运动员是否有提供与接受帮助的情况，并及时报告主裁判。

4. 记录员 1 人，其职责为：

（1）按照远度成绩登记表中运动员的顺序，准确记录每次试跳的成绩或免跳、犯规符号及风速。

（2）与管理裁判员共同负责比赛的检录工作。

（3）向检查记录员宣布下一试跳运动员的号码。

（4）每轮试跳完毕后，与终端操作员核对该轮次成绩与号码。

（5）比赛结束时，按竞赛规程规定负责录取名次，签字后交主裁判审查并签字，然后请技术官员、田赛裁判长签字，并把该记录表与风速记录单一起送交编排记录公告组。

8. 检查记录员 1 人，其职责为：

（1）检查记录员的记录和终端操作员的录人是否正确。

（2）负责成绩显示牌的操作。

9. 限员 1 人，其职责为：

（1）看到旗示裁判员将停赛标志拿出助跑道时，开始启动计时器。

（2）当时限还剩 15 秒时，上举黄旗向主裁判和管理裁判员示意，当时限到时，黄旗落下。

（3）观察运动员是否有接受帮助的情况，发现情况及时报告主裁判。

10. 风速测量员 1~2 人，其职责为：

（1）根据田径规则的规定设置风速仪和风标。风速仪一般应置于距起跳板 20 米处，仪器距助跑道边缘不得超过 2 米，离地面高度为 1.22 米。

（2）及时准确地测定跳远比赛的风速，并予以记录和公布。比赛结束后，应将全部风速登记表整理好签字后交本项目的记录裁判员。

11. 终端操作员 2 人，其职责为：

（1）赛前将预先录入的运动员比赛顺序表显示在屏幕上，同记录员检录后的号码重新核对。

（2）每轮试跳后将成绩丈量员报告的成绩以及风速测量员公布的风速，准确地输入计算机系统。

（3）每轮试跳完毕，将成绩显示在屏幕上与检查记录员核对，经主裁判同意后输入主机。从第二轮开始，将已赛过的轮次，按个人最优成绩排序，并输入主机，供大屏幕使用。

12. 外语裁判员 2 人，其职责为：

（1）负责有关语言的翻译工作，保证准确传达有关比赛信息。

（2）按照比赛顺序提醒监督运动员准时参加比赛。

（3）维持比赛场地秩序。

（4）如遇运动员请假和免跳应及时报告主裁判和记录员。

（5）赛前 40 分钟与记录员一起到赛前控制中心配合检录后带运动员入场。

（6）负责陪同请假运动员离开场地，并及时将被淘汰的运动员护送至赛后控制中心，比赛全部结束后将所有运动员护送至赛后控制中心，并将运动员身份牌交与赛后控制中心工作人员。

13. 平沙坑助理裁判员 2 人，其职责为：

根据《田径竞赛规则》的有关要求，在比赛开始前和每次试跳结束后平整沙坑，以确保比赛的顺利进行。

14. 修补橡皮泥显示板服务员 1 人，其职责为：

按《田径竞赛规则》的有关规定，在比赛开始前和比赛中，将被踩有痕迹的橡皮泥显示板抹平，以保证随时更换橡皮泥显示板。

二、裁判工作方法

1. 工作流程

（1）比赛前认真学习《田径竞赛规则》与竞赛规程，制定工作细则，进行现场实习。在田赛裁判长的领导下，检查场地、器材、设备及其使用与保护方法。依据场地实际，定出每单元比赛的场地，并绘制场地布置定位图。

（2）全体裁判员在比赛前 90 分钟集合，清点人数后报告田赛裁判长，带领全体裁判员做好场地器材的检查和准备工作。

（3）全体裁判员在赛前 60 分钟准时在指定地点集合，在田赛裁判长的指示下准时进入场地。

（4）记录员和 2 名管理裁判员在赛前 40 分钟到达检录厅门口，带领运动员入场。

（5）裁判员入场就位，各自检查本岗位的器材情况。

（6）运动员于赛前 30 分钟入场，主裁判接收运动员及检录单。

（7）由管理裁判员协助主裁判通告运动员有关注意事项，组织运动员丈量助跑步点。

（8）主记录员和终端操作员核对名单，并打印 3 份成绩记录单。

（9）在主裁判的指挥下，组织运动员按比赛顺序进行练习。

（10）赛前 5 分钟，旗示裁判员将暂停比赛标志放在助跑道上，示意运动员停止练习。助理裁判员平整沙坑，橡皮泥修补裁判员将橡皮块换成橡皮泥显示板并注意其牢固性，旗示裁判员固定丈量线，管理裁判员注意通知运动员比赛即将开始，并告知第一名试跳运动员做准备。

（11）赛前30秒，主裁判示意记录员开始通知第一名试跳运动员的号码，检查记录员进行显示，同时终端操作员开始工作，管理裁判员通知运动员上助跑道，准备试跳。运动员上道后，旗示裁判员拿走暂停比赛标志，运动员开始试跳，时限员开始计时，当运动员助跑开始时，风速员按竞赛规则的规定开动风速仪，计时5秒。然后根据风速仪显示的风速进行记录，记录员和终端操作员及时记录运动员该次试跳的风速。比赛结束时，风速记录员在风速记录单签字后交主记录员。

（12）运动员试跳结束，旗示裁判员及时判断是否成功并果断举旗示意至少3秒钟，丈量员看旗示行动。落地裁判员准确判定运动员的最近落地点并准确插签，插签时应保证签的垂直性和使测量反射镜对准测量仪。远红外测量员在判定成绩后经测量检测员的确认后把所测得的成绩输送至电脑终端中，检查记录员从电脑中读成绩报给主记录员，同时检查主记录员的记录是否有误，主记录员记录成绩并记录风速，检查记录员确定成绩无误后，马上在公告牌上显示，并将成绩显示牌慢速来回各旋转90度后停止。

（13）成绩丈量结束后，落点裁判员示意助理裁判员平整沙坑，并检查沙坑的平整是否符合规则的规定。然后检查记录员根据主记录员的通知显示下一名试跳运动员的号码，同时风速员将风速显示牌转回原位。管理裁判员通知下一名运动员上道准备试跳，旗示裁判员拿走暂停比赛标志，时限员开动时限钟，比赛开始。

（14）在比赛前三轮试跳结束后，主记录员宣布后三轮决赛的运动员名单。被淘汰的运动员由一名管理裁判员护送至赛后控制中心。进入后三轮试跳的运动员，按照竞赛规则规定的顺序进行试跳。风速裁判员和管理裁判员及时记录后三轮试跳的运动员名单和顺序。

（15）及格赛每赛完一轮，由一名管理裁判员将已达及格标准的运动员护送到赛后控制中心。

（16）在比赛中如有破纪录时，丈量裁判员报告主裁判和技术官员，主裁判请田赛裁判长、技术官员审核场地、成绩和风速，经认可后，记录员和电脑终端操作员同时在记录单记录相应的符号。

（17）在比赛中运动员请假须经主裁判同意，并必须由一名管理裁判员陪同进出场地。兼项请假的运动员，可允许该运动员在某一轮次比赛中不按原比赛顺序进行试跳一次。

（18）在比赛中如遇大会发奖，当听到奏领奖运动员的国歌时，在主裁判的提示下，全体起立，面向国旗，暂停比赛，待国歌奏完之后再继续比赛。

（19）比赛全部结束后，主裁判监督主记录员、检查记录员、终端操作员按规程录取名次，并核对风速，然后签字。记录员请技术官员和田赛裁判长签字，然后由主记录员将成绩记录单送交大会编排记录中心，如有破纪录者应报告编排记录中心主裁判。由电脑打印一份比赛成绩单留存本组主裁判处。

（20）由管理裁判员护送运动员到赛后控制中心，同时将运动员的身份牌交赛后控制裁判员。如有破纪录时，管理裁判员在护送运动员到赛后控制中心时，应将运动员的姓名、国家和号码报告赛后控制中心主裁判，以便药检工作的进行。

（21）主裁判带领全组人员整队退场。进行小组总结后，主裁判及时向田赛裁判长汇报工作。

2. 其他事项

（1）运动员试跳前，应将沙坑平整好，以便能更准确地判定运动员试跳落地痕迹的最近点。沙坑内沙子平面应与起跳板在一个水平面上。

（2）运动员在助跑中触及或跑出助跑道两侧标志线不算犯规。

（3）运动员在落地过程中触及落地区以外地面，并比区内触地点更靠近起跳板，应判该次试跳失败。

（4）试跳落入沙坑后，走出落地区外的第一触点比区内最近触地点近，应判该次试跳失败。

（5）运动员前三次试跳结束时，记录员应按成绩排定前八名，后续三次的试跳顺序应以该排名相反的顺序进行，即按第8、7、6、5、4、3、2、1名的顺序进行试跳。

PART 9　赛事组织

体育组织

跳高与跳远是田径运动中田赛的重要组成项目，与这两项运动有关的组织为国际田径联合会及各洲、各国的田径组织。

国际田径联合会

国际田径联合会（International Association of Athletics Federations，IAAF），简称国际田联，是一个国际性的田径运动的管理组织。其前身是于 1912 年 7 月 17 日在瑞典斯德哥尔摩成立的"国际业余田径联合会"。

国际田联标志

国际田联的宗旨是保护国际业余田径运动的权益，在各田径协会间建立友好合作关系，反对种族、宗教、政治及其他形式的歧视。该联合会的主要职责是在全球开展田径运动，制定田径比赛的计时方法及建立世界纪录的标准，促进各会员国之间的良好关系，反对种族、宗教和政治等歧视，消除不同地区因政治态度及宗教信仰等诸多原因造成的参加比赛的障碍，保证运动员按照其制定的章程和规则参赛。

国际田联自 1993 年起将总部设在摩纳哥。现有协会会员 210 个，分属欧、亚、非、中北美、南美及大洋洲等 6 个地区联合会。中国田径运动协会于 1978 年加入国际田联。

国际田联最高权力机构是代表大会，每两年举行一次，拥有修改章程、制定竞赛规则、批准项目、选举官员等权力。大会选出的理事会负责处理日常事务。理事会由主席、4 名副主席、司库、6 名大洲代表和 15 名理事共 27 人组成，任期 4 年。

国际田联设有 6 个委员会，除了医学委员会由理事会指定外，技术、女子、越野、竞走、老运动员共 5 个委员会均由大会选举产生。这些委员会协助理事会向代表大会提出建议，其成员任期均为 4 年。此外，国际田联理事会下设的专门委员会有运动员委员会、兴奋剂检测委员会、发展委员会、财政预算委员会、奖金资助委员会、新闻发布和电视转播委员会等。这些委员会定期向理事会提交报告和提供咨询。国际田联在全世界设有 9 个地区发展中心，其中之一设在中国北京。国际田联组织的主要田径比赛有世界田径锦标赛、世界室内田径锦标赛、世界跨国锦标赛、田径世界杯、黄金联赛、世界田径总决赛等诸多国际田径赛事，为国际田径运动的普及与发展做出重要贡献。

除国际田联，全世界又组织设立多个洲际田径组织，包括非洲田径协会（CAA）、亚洲田径协会（AAA）、欧洲田径协会（EAA）、北美、中美及加勒比地区田径协会（NACACAA）、南美洲田径协会（CONSUDATLE）及大洋洲田径协会（OAA），分别组织举办多种洲际田径赛事。

中国田径协会

中国田径协会成立于 1954 年，是具有独立法人资格的全国性群众体育社会团体，是中华全国体育总会的团体会员，是中国奥林匹克委员会所承认的管辖田径运动的全国性运动协会。中国田径协会现有 43 个团体会员，除各省市田径协会外，还有各行业体协、大学生体协田径分会等会员组织。

中国田径协会的宗旨是团结全国田径工作者和爱好者，调动一切积极因素，指导和推动中国田径运动的发

中国田径协会标志

展；提高田径运动技术水平；为实施全民健身计划和奥运争光计划，为促进社会主义物质文明和精神文明建设服务；增进与世界各国田径协会的友谊；加强同国际田联和亚洲业余田径联合会（简称亚田联）的密切联系与合作。

根据这一宗旨，中国田径协会统一组织协调全国田径运动的发展，推动群众性普及活动和竞技运动水平的提高，促进亚洲和世界田径运动的进步，具体业务包括：

（1）宣传田径运动，激发广大群众和青少年对田径运动的兴趣及参与的积极性，培养公平竞赛、顽强拼搏的体育精神。

（2）研究制定中国田径运动的发展规划、各种管理法规和训练竞赛制度及全国竞赛计划、规则和规程，获批准后负责实施。

（3）根据业务主管单位和国际体育组织的有关规定，负责田径竞赛管理，审批各会员单位组织的国内外各类比赛。主办或委托会员单位承办全国性或国际性各类田径比赛，向有关部门提出国际活动及有关事项的建议，获批准后负责实施。

（4）参加国际田联、亚田联组织或委托组织的有关活动，开展国际交往和技术交流。

（5）完善国家田径队运动员、教练员名单公布制度，选拔和推荐国家田径队运动员、教练员，组织国家优秀运动队集训，组织参加国际比赛。

（6）负责协调、组织田径教练员、运动员、裁判员的培训工作。制定运动员、裁判员技术等级标准和制度。负责运动员注册、转会、资格审查和处理。

中国田径协会主办的主要赛事有全国田径锦标赛、全国田径冠军赛、全国室内田径锦标赛、全国马拉松锦标赛、全国马拉松冠军赛、北京国际马拉松赛、厦门国际马拉松赛、全国竞走锦标赛、全国竞走冠军赛、全国越野跑锦标赛等。

美国业余田径协会

美国田径运动水平领先世界，这离不开美国业余田径协会先进的管理体制。1979 年，美国田径运动协会（TAC）在拉斯维加斯召开首次年会。1980 年，美国田径运动协会开始单独地对美国田径运动行使管理权。1992 年，TAC 更名为美国田径协会（USATF），总部设在印第安那州印第安那波利斯市。

2008 年 5 月，鉴于美国田协组织机构过于庞大复杂且声音杂噪，美国体育运动最高领导机构——美国奥委会（USOC）对其提出了措词严厉的警告并要求限期整改，田协迅速作出反应，并于北京奥运会后对整个机构进行了大刀阔斧的改组。2009 年 2 月，田协最高领导层由原来的 5 人减至 3 人，董事会从 31 人减至 15 人，下属部门与委员会也进行了调整与缩编。目前，设在田协总部的职能部门有基础部、高水平部、优秀运动员部、事业发展与财会部、通信部、事件报道部、市场推广部等 7 个部门。在其他多个城市设有 4 个竞赛部和 1 个委员会，包括：

（1）高水平竞赛部，下设男子田径、女子田径、竞走、教练员培训、男子发展、女子发展、运动医学与科学等 7 个委员会。

（2）长跑竞赛部，下设男子长跑、女子长跑、大师长跑、越野跑、公路跑、山地跑/超长跑/跟踪跑等 6 个委员会。

（3）普通竞赛部，负责大师田径竞赛的组织工作。

（4）青少年竞赛部。

（5）行政管理委员会，负责运动员、教练员、裁判员、残疾人运动员、法规与立法、成员服务、规则、纪录等 8 个方面的咨询与管理。

作为国际业余田联（IAAF）在美国的成员组织，美国田协经 USOC 授权，根据《特德·史蒂文斯奥林匹克和业余体育法》，对全美田径运动行使管理权。美国田协的基本使命是：提高美国田径竞技水平、培养美国人对田径的兴趣，使更多的人参与田径。美国田协的战略目标可归纳为三个：

发展与提高目标：从各个层面上提高人们对田径的兴趣和参与程度，为所有层级的运动员提高成绩给予支持和帮助，最大程度地提高美国田径运动员在国际比赛中的竞争实力。

管理目标：通过组织竞赛以及与其他体育组织合作，促使田径运动和田径运动员的发展。

推广目标：增进公众对田径和田协的了解、欣赏和支持，扩展经费来源，为田径和田径运动员的发展创造机会，并支持田协履行职责和达到目标。

美国田协管理职能可归纳为五个方面：

竞赛管理：规划、组织、核准田径竞赛，与其他体育组织协调，减小田径竞赛与其他项目在日程上的冲突。

会员管理：为合格的运动员进行成员注册，为有资格参加国际比赛的运动员开具证明，与现役运动员沟通，使其保持对田协政策条规的知晓并反馈自己的意见，对运动员、教练员、裁判员和管理人员参与田径提供机会和相应的保护。

业务培训管理：为各层级的教练员、裁判员获得各种相关证书提供机会与帮助。

训练与科研管理：对各层级运动队的身体训练、训练教学、技术分析进行技术指导、协调并提供信息，鼓励和支持对田径项目开展运动医学、运动安全领域的研究和分析。

弱势人群田径管理：强化女子田径，支持残疾人参加田径。

美国田协的运行及其管理职能的履行均以一系列法规制度为依据。美国田协制定的《管理手册》（2008年）长达192页，分为管理机构、细则、管理规定、条规释义、附录等5个部分，是田协实施相关管理的基本法。与之配套，田协还制定长达264页的《竞赛规则》（2009年），内含锦标赛分类与奥运代表队选拔、药检、裁判员、竞赛规则、纪录、特别计划等6个部分，各种规定和规则共341条及多种图表。所有运动员、教练员、裁判员、管理人员以及组织机构在从事相关的活动时都必须严格遵守这些条规和规则，否则必将受到相应的处罚。田协的年会在每年的年底举行，来自全国各地有关方面的代表近千人聚集一堂，对协会当年工作进行回顾分析，展望和讨论来年的工作，并对管理条规与竞赛规则进行调整与修改。

美国田协的会员主要有四种类型：

个人会员：在符合国际奥委会、USOC、IAAF和美国田协有关条规的前提下，运动员、优秀运动员（主要指700多名代表美国参加国际或世界田径比赛的运动员）、残疾人运动员、教练员、裁判员、管理人员以及其他个人均可加入美国田协。目前美国田协个人会员为10万余人，参加田协体系比赛的运动员必须是田协的会员。

机构会员：主要指在田协注册的2500个俱乐部。

协会会员：指57个地方田协。

全国体育组织会员：包括全国大学生体育协会（NCAA）、全国州立中学协会联盟（HFHS）、美国公路跑俱乐部协会、美国跑步协会等近 30 个全国性体育组织。通过与这些组织的合作，美国田协每年都成功地促使 3000 多万男女老少参加健身跑步活动。

自 20 世纪 90 年代国际田联开始推动田径运动商业化运作以来，美国田径不断朝着商业化和市场化的方向发展。由于美国田径运动水平很高，美国人又喜欢看田径比赛，赞助美国田径能够获得丰厚的商业回报，所以越来越多的商家愿意与美国田协合作。目前，田协的赞助商、合作伙伴已近 20 家，其中不乏一些实力雄厚的大公司，它们向田协或提供经费赞助，或提供物品赞助，或提供专业技术服务。尤其是维萨信用卡公司，从 2005 年开始，每年都与电视台合作，通过冠名的方式赞助与转播 10 来场全国高水平田径比赛。目前，维萨系列田径赛已成为美国重要的田径赛事之一，不少场次的比赛都吸引了超过 8000 多人到现场观看。

在美国田协旗下，全美共设有 57 个相当于州一级的地方田径协会，分别对各自辖区的田径俱乐部和田径赛事进行管理。大部分地方田协的辖区与其所在州的行政区域完全一致，但也有一部分田协的辖区跨越州界，有的大州（如加州和德州）则设有几个田协。

重要赛事

跳高和跳远项目是田径比赛中田赛的重要组成项目，国际田联组织的主要田径比赛有世界田径锦标赛、世界室内田径锦标赛、世界跨国锦标赛、田径世界杯、黄金联赛、世界田径总决赛等赛事。另外各洲田径联合会也会组织举办本洲的各项田径赛事，如欧洲田径锦标赛、亚洲田径锦标赛等。各个国家的田径组织则举办国内的各项田径赛事，如中国田径协会主办的全国田径锦标赛、全国运动会田径赛事、全国中学生田径锦标赛等。

世界田径锦标赛

世界田径锦标赛是国际田径联合会主办的、级别最高、影响力最为广泛的国际性田径赛事，创始于 1983 年，但其起源可以追溯至 1977 年。

1977 年开设的世界杯田径赛，是由国际田联单独主办的第一个世界性田径赛，但由于世界杯赛中的一些限制，如每项每队只限一人或一队参加，使许多优秀运动员无法问津，这些限制也导致了该项赛事不能反映各国的真实水平，并有可能遭到一些名手冷落的趋势。

1978 年 10 月，国际田联第三十一届波多黎各会议，正式决定组办世界田径锦标赛，并于 1983 年在芬兰赫尔辛基顺利地举行了第一届，四年后又于意大利举办了第二届。1987 年 8 月国际田联第三十六届会议宣布，1991 年第三届世界田径锦标赛会址定在日本东京。世界田径锦标赛每四年一届，因是在奥运会前一年举行，实际上已经成为奥运会前的一次世界田径实力的大摸底。

锦标赛赛程共 8 天，中间休息 1 天，实际比赛为 7 天。它与杯赛主要不同点是，不是以各洲代表队为主体，而是以各国或地区协会为单位参加。参赛选手需达到报名标准。标准分 A、B 两级（即最高标准与最低标准）。每个国家（或地区）每个项目可报一名达到 B 级标准的运动员参加。若报名者的成绩均已达到 A 级标准，每个国家每个项目可报 2~3 名，但最多不能超过 3 人。

世界田径锦标赛包括的项目有：

男子项目有 100 米，200 米，400 米，110 米栏，400 米栏，800 米，1500 米，3000 米障碍，5000 米，10000 米，20 公里竞走，50 公里竞走，4×100 米接力，4×400 米接力，马拉松，跳高，撑竿跳高，跳远，三级跳远，铅球，链球，铁饼，标枪，十项全能等。

女子项目有 100 米，200 米，100 米栏，400 米，400 米栏，800 米，

1500 米，3000 米障碍，5000 米，10000 米，20 公里竞走，4×100 米接力，4×400 米接力，马拉松，跳高，撑竿跳高，跳远，三级跳远，标枪，铅球，链球，铁饼，七项全能等。

历届世界田径锦标赛

届次	举办时间	举办地点
第一届	1983 年 8 月 7 日～8 月 14 日	芬兰·赫尔辛基
第二届	1987 年 8 月 28 日～9 月 6 日	意大利·罗马
第三届	1991 年 8 月 23 日～9 月 1 日	日本·东京
第四届	1993 年 8 月 13 日～8 月 22 日	德国·斯图加特
第五届	1995 年 8 月 5 日～8 月 13 日	瑞典·哥登堡
第六届	1997 年 8 月 1 日～8 月 10 日	希腊·雅典
第七届	1999 年 8 月 20 日～8 月 29 日	西班牙·塞维利亚
第八届	2001 年 8 月 3 日～8 月 12 日	加拿大·埃德蒙顿
第九届	2003 年 8 月 23 日～8 月 31 日	法国·巴黎
第十届	2005 年 8 月 6 日～8 月 14 日	芬兰·赫尔辛基
第十一届	2007 年 8 月 25 日～9 月 2 日	日本·大阪
第十二届	2009 年 8 月 15 日～8 月 23 日	德国·柏林
第十三届	2011 年 8 月 27 日～9 月 4 日	韩国·大邱
第十四届	2013 年 8 月 10 日～8 月 18 日	俄罗斯·莫斯科

世界室内田径锦标赛

世界室内田径锦标赛（IAAF World Indoor Championships in Athletics）是一项由国际田径联合会举办的国际室内田径赛事，首届于 1985 年在法国巴黎举行，当时赛事名称为世界室内运动会（World Indoor Games），两年后从第二届赛事开始命名为世界室内田径锦标赛。

室内田径赛成为比较正规的比赛，是在 60 年代。从这一时期始，欧洲每年都举行欧洲室内田径锦标赛。美国每年有两个大型室内比赛，即大学生室内田径锦标赛和全国室内田径锦标赛。实践证明，在调整期举行室内比赛对运动员缩短调整期，进入积极活动期、增强比赛意识、提高技术水平都具有良性的作用。

亚洲最早举行室内比赛的是日本。在1964年东京奥运会前的1961～1963年间，东京修建了室内运动场，并邀请外国选手参加比赛。中国是到80年代初期才开始举行一些项目的室内比赛。

到80年代中期，室内比赛已成为运动员全年训练和比赛计划一个不可缺少的环节，1984年7月国际田联洛杉矶会议决定于1985年1月18～19日在巴黎举行第一届世界室内田径运动会，并且规定标准室内跑道长度为一圈200米，弯道65米，直道35米。1986年国际田联在斯图加特会议上通过了建立室内世界纪录的决定，并于1987年1月1日公布了承认的室内正式项目（男20项、女18项）及其第一个世界纪录。

国际田联为了把世界室内外锦标赛的名称统一起来，于1987年将其更名为世界室内田径锦标赛，并规定每隔两年举行一次。为了能够与世界田径锦标赛错开举办日期，在2003年及2004年连续举行两届赛事。

世界室内田径锦标赛共有26个比赛项目，其中男子13项，女子13项。

男子项目为：60米、400米、800米、1500米、3000米、60米跳栏、4×400米接力、跳高、撑竿跳高、跳远、三级跳远及推铅球，七项全能。

女子项目为60米、400米、800米、1500米、3000米、60米跳栏、4×400米接力、跳高、撑竿跳高、跳远、三级跳远及推铅球，五项全能。

历届世界室内田径锦标赛

届次	举办时间	举办地点
第一届	1985 年 1 月 18 日 ~ 1 月 19 日	法国·巴黎
第二届	1987 年 3 月 6 日 ~ 3 月 8 日	美国·印第安纳波利斯
第三届	1989 年 3 月 3 日 ~ 3 月 5 日	匈牙利·布达佩斯
第四届	1991 年 3 月 8 日 ~ 3 月 10 日	西班牙·塞维利亚
第五届	1993 年 3 月 12 日 ~ 3 月 14 日	加拿大·多伦多
第六届	1995 年 3 月 10 日 ~ 3 月 12 日	西班牙·巴塞罗那
第七届	1997 年 3 月 7 日 ~ 3 月 9 日	法国·巴黎
第八届	1999 年 3 月 5 日 ~ 3 月 7 日	日本·前桥
第九届	2001 年 3 月 9 日 ~ 3 月 11 日	葡萄牙·里斯本
第十届	2003 年 3 月 14 日 ~ 3 月 16 日	英国·伯明翰
第十一届	2004 年 3 月 5 日 ~ 3 月 7 日	匈牙利·布达佩斯
第十二届	2006 年 3 月 10 日 ~ 3 月 12 日	俄罗斯·莫斯科
第十三届	2008 年 3 月 7 日 ~ 3 月 9 日	西班牙·巴伦西亚
第十四届	2010 年 3 月 12 日 ~ 3 月 14 日	卡塔尔·多哈
第十五届	2012 年 3 月 9 日 ~ 3 月 11 日	土耳其·伊斯坦布尔

欧洲田径锦标赛

欧洲田径锦标赛是由欧洲田径协会主办的欧洲最高水平的田径比赛，每四年（与英联邦运动会同年，介于两届夏季奥运会之间）举办一次。2010 年巴塞罗那欧洲田径锦标赛后将每两年举办一次。自 1934 年在意大利都灵举办第一届欧洲田径锦标赛以来，已经成功举办过二十一届比赛。

历届欧洲田径锦标赛

届次	举办时间	举办地点
第一届	1934 年 9 月 7 日～9 日	意大利·都灵
第二届	1938 年 9 月 3 日～5 日	法国·巴黎
	1938 年 9 月 17 日～18 日	奥地利·维也纳
第三届	1946 年 8 月 22 日～25 日	挪威·奥斯陆
第四届	1950 年 8 月 23 日～27 日	比利时·布鲁塞尔
第五届	1954 年 8 月 25 日～29 日	瑞士·伯尔尼
第六届	1958 年 8 月 19 日～24 日	瑞典·斯德哥尔摩
第七届	1962 年 9 月 12 日～16 日	南斯拉夫·贝尔格莱德
第八届	1966 年 8 月 30 日～9 月 4 日	匈牙利·布达佩斯
第九届	1969 年 9 月 16 日～21 日	希腊·雅典
第十届	1971 年 8 月 10 日～15 日	芬兰·赫尔辛基
第十一届	1974 年 9 月 2 日～8 日	意大利·罗马
第十二届	1978 年 8 月 29 日～9 月 3 日	捷克斯洛伐克·布拉格
第十三届	1982 年 9 月 3 日～9 日	希腊·雅典
第十四届	1986 年 8 月 29 日～9 月 3 日	西德·斯图加特
第十五届	1990 年 8 月 26 日～9 月 2 日	南斯拉夫·斯普利特
第十六届	1994 年 8 月 7 日～14 日	芬兰·赫尔辛基
第十七届	1998 年 8 月 18 日～23 日	匈牙利·布达佩斯
第十八届	2002 年 8 月 6 日～11 日	德国·慕尼黑
第十九届	2006 年 8 月 7 日～13 日	瑞典·哥德堡
第二十届	2010 年 7 月 27 日～8 月 1 日	西班牙·巴塞罗那
第二十一届	2012 年 6 月 27 日～7 月 1 日	芬兰·赫尔辛基

亚洲田径锦标赛

首届亚洲田径锦标赛于 1973 年 11 月 17～23 日在菲律宾的马尼拉举行，18 个国家和地区的田径代表队参赛。首届亚洲田径锦标赛促成了亚洲业余田径联合会正式成立。自此以后，亚洲田径赛每两年举行一次。原定于1977年在日本举行的第3届比赛因故改期在1979年在东京举行，在这届比赛上我国首次派队参加。第4届亚洲田径锦标赛于1981年在日本举行，会期三天，这是亚洲田径赛举行时间最短的一次。从本届起至今，比赛才正式称为亚洲田径锦标赛。

亚洲田径锦标赛是亚洲规模最大，级别最高的州际田径比赛，所设的项目，基本上与当时的奥运会和世界赛保持一致，参赛国家和地区一般均在20个左右。1983年在科威特举行的第5届锦标赛上参赛国家和地区达到了37个，显示出亚洲田径运动的迅速发展。

中国田径代表队首次在金牌榜上拔得头筹是在1983年在科威特举行的第5届田径亚锦赛上，当时中国队获得了16金6银2铜，一举超越日本成为亚洲田径霸主。此后，中国队始终保持金牌榜第一的位置。1998年在日本福冈进行的第12届田径亚锦赛，当时中国队夺得历史上最多的26枚金牌。

第18届亚洲田径锦标赛于2009年在中国广州举行，中国队收获了其中18枚金牌，以18金19银10铜位列金牌榜首位，自1983年第5届亚锦赛登上金牌榜首位以来，已经连续14届（26年）蝉联第一，而47枚奖牌总数也创造了历史新高。

2011年在日本神户举行的第19届亚洲田径锦标赛上，中国队被日本队超过。这也是中国队自1983年以来首次在田径亚锦赛上奖牌数上屈居第二。

中国全国运动会

中华人民共和国全国运动会（英语：National Games of the People's Republic of China），简称"全运会"，是中华人民共和国国内水平最高、规模最大的综合性运动会，首届全运会于1959年9月13日至10月3日在北京举行。运动会每四年举办一次，一般在奥运会结束后一年举行

（前三届的间隔时间并不固定，长的间隔有十年之久；第七届间隔了六年之久）。目前，全运会比赛项目的设置除武术外基本与奥运会相同，其原意是为国家的奥运战略锻炼新人，选拔人才。但却被各省市视全运会的成绩为其体育及综合实力的一项重要指标，因而各省市的竞争十分激烈，甚至违背了举办全运会的原意。为了调动各省市区的积极性，国家体育总局在1996年奥运会前出台了"将奥运会奖牌带入全运会"的举措，即将某省市区运动员代表国家在奥运会上取得的奖牌，作为该省市区成绩计入次年举行的全运会中。

在前四届全运会上，比赛项目包括夏季体育项目、冬季体育项目、军事体育项目以及民族体育项目。此后，因为国家调整体育事业发展重心，开始集中力量备战奥运会。而要实现奥运会的突破，首先要从夏季项目开始。所以从第五届全运会开始，国家进行了综合性运动会改革，全运会的项目设置开始逐渐向夏季奥运会接轨。全运会中不再设立冬季项目，冬季项目单独举行全国冬季运动会。

全运会中的田径比赛成为中国水平最高的田径比赛之一，是每一个准备在国际赛场上崭露头角的运动员首先要接受检验的赛场。

PART 10 礼仪规范

跳高、跳远运动作为田赛的重要组成项目，作为历史悠久、影响广泛的运动，在比赛过程中，无论是运动员、裁判员、观众，都应该遵守相关礼仪，保持精神状态，这既是对他人的尊重，也是对这自己、对这项运动的尊重。

入场礼仪

以奥运会为例，入场时，各运动员是以一种愉悦的心情来参加奥运会的，因此会有一定的随意性，例如，向观众招手、照相留念等。但就礼仪规范来说，对运动员行进姿势还是有一定的要求。

一、行进的要求

行姿属于人的全身性综合运动，届时对运动员总的要求是：轻松、矫健、优美、匀速。

（1）全身伸直，昂首挺胸。在行进中，要面朝前方，双目平视，头部端正，胸部挺起，背部、腰部、膝部要避免弯曲，使全身看上去形成一条直线。

（2）起步前倾，重心在前。在行进中，身体稍稍前倾，全身的重心落在反复交替移动的那只脚的脚掌上。需要注意的是，当前脚落地、后脚离地时，膝盖一定要伸直，踏下脚之后再略微放松，并即刻使自己的重心前移，如此才会显得步态优美。

（3）脚尖前伸，步幅适中。在行进时，向前伸出的那只脚要保持脚尖向前，尽量不要内向或外向。所谓步幅适中，是指行走时保持前脚脚跟和后脚脚尖二者间距离为一脚长。

（4）直线前进，由始至终。在行进时，双脚两侧走出的轨迹，应尽量呈现为一条直线，与此同时，要避免身体在行进过程中的左摇右摆。

（5）双肩平稳，两臂摆动。在行进中，双肩、双臂要自然，切忌过于僵硬呆板。双臂应一前一后地、有节奏地自然摆动，摆动的幅度以30度为佳。

（6）全身协调，匀速前进。在行进时，大体上在某一个阶段中速度要均匀，要有节奏感。

二、行进中的禁忌

按照礼仪规范，运动员在行进中有一些基本的禁忌。如果不注意，就会造成失礼。一般而言，行进中的禁忌主要有以下四点：

方向不确定。在行走过程中，应保持平直的行进路线，不应左右不定。

瞻前顾后。行走过程中，不应左顾右盼，尤其不应回头来注视身后。

速度多变。应保持匀速行进，不应忽快忽慢。

八字步态。行走过程中，脚尖内向或者外向，就会形成所谓的"内八字"、"外八字"。这些步态都很难看，故应尽量避免。

赛前礼仪

比赛开始前后的各项仪式中，运动员站立的姿势是其良好精神面貌的具体体现，是十分重要的。

对于运动员来讲，其站姿的基本要求是：头端，肩平，胸挺，腹收，身正，手垂。在涉及具体要求时，男女运动员又略有不同，其要点如下：

男运动员的站姿。

一般而言，男运动员在站立时，要双脚平行，大致与肩同宽，最好间距不超过一脚之宽。并应全身正直，双肩稍稍向后展，头部抬起。

女运动员的站姿。

女运动员站立时，应当挺胸，收颌，目视前方。在站立之时，女子可以将重心置于某一脚上，即一脚伸直，另一条腿则略微前伸或者弯曲，或者双脚脚跟并拢，脚尖分开，张开的脚尖大约相距10厘米，张角约为45度，呈现"V"形。

站姿的禁忌。站立时，运动员的禁忌有三。

（1）全身不够端正。站立时强调身体要端正，尽量避免头歪、肩斜、臂曲、胸凹、腹凸、背弓、臀翘、膝屈。

（2）双脚叉开过大。如果站立过久，允许稍微的调整一下，即双脚可适当的叉开一些，但出于美观的考虑，切勿叉开过大，尤其是女性更要谨记。

（3）双脚随意乱动。在站立时，双脚要老实规矩，不可肆意乱动。

领奖礼仪

颁奖仪式，在此是指一项比赛结束后，为获得冠、亚、季军的优秀运动员或运动队颁发金、银、铜牌的具体程序。

举行比较高级别的运动会的颁奖仪式时，通常都设置阶梯形领奖台。届时冠军站在中间最高的一级台阶上，亚军站在冠军右侧较低的一级台阶上，季军站在冠军左侧更低的一级台阶上。

田赛颁奖

在国际比赛当中，一般在颁奖仪式中奏冠军所在国家的国歌，并同时升冠、亚、季军三国国旗。其中冠军国国旗居中，位置最高；亚军国国旗居右，位置次之；季军国国旗居左，位置最低。此处所言左中右是指就国旗自身而言，而不是从观众视角看上去的左中右。

在颁奖仪式上，获奖的运动员在嘉宾为自己颁发奖牌时，需注意以下几点：

颁奖程序。获得冠军、亚军、季军的参赛运动员，应身着正式服装或运动服登上领奖台，并面向官员席。

基本礼节。在国际级别的运动会上，颁奖嘉宾和运动员都会互相致意。此刻所通行的礼节有二：

（1）拥抱礼。在西方，特别是在欧美国家，拥抱是十分常见的一种礼节。如今在奥运会颁奖仪式上，颁奖嘉宾为运动员颁奖之后，相互都会习惯性的行拥抱礼。正规的拥抱礼通常应为：双方面对面站立，各自举起右臂，将右手搭在对方左肩后面，同时左臂下垂，左手扶住对方右腰后侧。

（2）亲吻礼。亲吻礼也是奥运颁奖仪式上常见的礼节之一，它往往会与拥抱礼同时采用。即双方既拥抱、又亲吻。行亲吻礼，通常以自己的唇部接触对方的面部，但它忌讳发出亲吻的声音，而且不应当将唾液弄到对方脸上。

挥手致意

除了向嘉宾致意之外，运动员还应该向观众挥手致意，以示感谢。

在颁奖仪式上，赛会方在介绍冠、亚、季军以及升旗仪式时，观众应保持安静。在介绍完获奖运动员或者升旗仪式之后，则可以尽情地欢呼和鼓掌。

握手礼仪

握手是通用的一种礼节，也是在国际上所广泛使用的致意方式。在各种运动会比赛前后，在运动员和运动员之间、运动员和裁判员之间、运动员和嘉宾之间都常常会行握手礼。

在行握手礼时，动作、方式、顺序、表情等都有所讲究。总的来说，有以下三点值得注意。

讲究方式。在行握手礼时，双方均应该保持站立，并迎向对方，坐

握手

者此刻则应该起立。在伸手与他人相握时，手掌应垂直于地面，以右手与对方右手相握。握手时，应该稍许用力，上下晃动几次，并且停留两三秒钟。在与男士握手时，力度应该较与女士握手时大，并且应该握住全部手掌。与女士握手时，则不宜过紧，并且只需轻轻握住手掌的前部和手指。在握手的过程中，要注视对方的眼睛，不能"目中无人"。并应同时面带微笑，伴以简单的问候语。

注意顺序。握手时，讲究"尊者居前"，即应该由双方中地位较高的一方先伸手。在女士和男士握手时，应该由女士先伸手。在运动员与裁判员或者嘉宾握手时，一般是裁判员或者嘉宾先伸手。在东道主运动员与其他国家的运动员握手时，应由东道主运动员先伸手，以表示欢迎。在与多人握手时，则应该遵循"由尊而卑"或者"由近而远"的顺序。

避免犯忌。握手时的禁忌包括以下五点：

（1）不宜用左手与人握手。用左手与人握手是极不礼貌的行为，握手只能用右手。

（2）不宜用双手与异性握手。与异性握手，只能用单手轻握的方式。

（3）不宜与多人交叉握手。在与多人握手时，应该依次进行，不能交叉握手。

（4）不宜戴着墨镜与人握手。

（5）不宜戴着手套与人握手。在某些戴手套的运动项目中，运动员应该先脱掉手套再与人握手。

观赛礼仪

观众在欢迎运动员入场时，应该做到一视同仁，不论其来自哪个国家或地区，都应该报以掌声，不能只为自己熟悉、喜爱或者自己国家的运动员鼓掌。对于自己所熟悉、喜爱和自己国家的运动员，则可以采取更强烈的表达方式，如起立鼓掌、呼喊其名字，或长时间鼓掌，以示特别支持。对于来自任何国家和地区的运动员，都不能有歧视，更不应该有侮辱性的语言或举动。

同时，观众在观赛时，应该根据田赛比赛的特点，配合运动员的节奏，尽量不要影响到运动员的水平发挥。

PART 11 明星花絮

跳高明星

哈维尔·索托马约尔

哈维尔·索托马约尔（1967 年 10 月 13 日— ）是当今跳高世界纪录保持者，世界上越过 2.40 米高度次数最多的跳高运动员。1989 年在波多黎各的圣胡安，他以 2.44 米的成绩第二次打破世界纪录，成为第一位跳过 8 英尺高度的运动员。1993 年，索托马约尔以 2.45 米的成绩第三次打破世界纪录，并保持至今。

索托马约尔 1967 年 10 月 13 日出生于古巴的马坦萨斯省，他从小喜爱田径运动。自 1977 年 10 岁时就开始

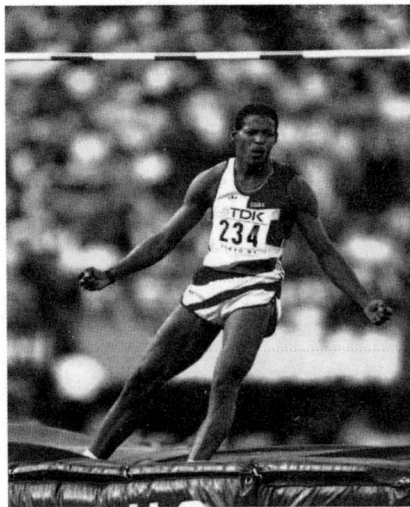

索托马约尔

从事全能训练，并且很快表现出出色的跳高天赋。自 1982 年起，他开始专门的跳高训练。作为一位难得的跳高天才，索托马约尔双腿修长、

速度快、爆发力强、灵敏性好，助跑和起跳技术非常突出。

经过著名教练达亚的用心调教，索托马约尔的运动成绩快速上升。1984 年 5 月 19 日，年仅 16 岁的索托马约尔就跳出了 2.33 米的出色成绩，并创造了本国纪录，一跃成为世界一流选手。1985 年他又以 2.30 米的成绩获得世界室内田径运动会的亚军。同年，在第 4 届世界杯田径赛上，以 2.28 米获得第三名。1986 年 3 月，他以 2.36 米的成绩创造了世界青少年纪录，排当年世界第二位。1987 年他跳出了 2.37 米的好成绩，并且在一年之后，于 1988 年 9 月 8 日跳出了 2.43 米的优异成绩，创造出新的男子跳高世界纪录，这是继 1960 年美国运动员托马斯创造世界纪录 28 年来，第二位打破男子跳高世界纪录的黑人选手。同是这一年，索托马约尔在 22 场比赛中有 21 场跳过 2.30 米以上的高度，其中 2.38 米一次、2.35 米三次。

1989 年 7 月 29 日，索托马约尔以 2.44 米的成绩第二次创造世界纪录。同年，他还获第 5 届世界杯田径赛第三名。1991 年他以 2.36 米获第 3 届世界田径锦标赛银牌。1992 年他首次参加第 25 届奥运会，以 2.34 米的成绩摘得金牌。1993 年 26 岁的索托马约尔以 2.45 米再创男子跳高世界纪录，并在第 4 届世界田径锦标赛上以 2.40 米的成绩折桂，被世界称誉为"跳高之王"。1994 年获得第 7 届世界杯田径赛冠军。1995 年获第 5 届世界田径锦标赛亚军。1996 年，在第 26 届奥运会上，他因伤未能蝉联奥运会冠军。索托马约尔最大的愿望就是创造更高的世界纪录。

索托马约尔可以说是优秀跳高运动员的典型代表，乍看上去，身高腿长，表情木讷。但是在看似僵硬的面部表情下却有一股藏不住的暗劲儿，他出色的爆发力或许正是从中而来。

拉维埃尔·索托马约尔于 1967 年 10 月出生在古巴中部省份马坦萨斯的一户普通人家里，象大多数古巴黑人孩子一样，他从小也痴迷于户外运动，并且很快就显露出在这方面的天赋，被招进了国家田径队专练

索托马约尔 2

跳高。索托马约尔应该算是少年老成，自 80 年代出道以来，他就以 20 多次跃过 2 米 40 的成绩，在世界田坛上制造了一个又一个冲击波，使人们看到了一颗明日巨星的诞生。索托马约尔也从此成为受全世界新闻媒体瞩目的焦点，被热爱他的人们亲切地称为"索托"。索托果然没有辜负人们对他的期望，在许多地区比赛和国际邀请赛上屡创佳绩。虽然 88 年的汉城奥运会，古巴因为同朝鲜的关系，而连续两届抵制奥运会，使他失去在重要赛事上夺冠的机会。但是从 1989 年开始，他开始一步步走向辉煌。在当年举行的布加勒斯特世界室内田径锦标赛上，他一跃而过 2 米 43 的高度，平了当时的世界纪录。八月份，他又在波多黎各的圣科斯埃斯科瓦体育场以 2 米 44 的成绩，一举打破了室内跳高世界纪录，成为世界上跳得最高的人。92 年，索托在巴塞罗那奥运会上，以 2 米 34 为古巴夺得历史上第一枚跳高金牌。93 年 7 月 27 日，索托再创辉煌，以 2 米 45 的成绩在西班牙的萨拉曼卡创造了新的室外跳高世界纪录，标志着他的体育事业达到顶峰。这时候，索托已经集跳高室内室外世界纪录于一身，同时包揽了世锦赛，奥运会，中美洲运动会等重要地区和国际赛事的跳高冠军头衔。

索托马约尔多年征战，落下很多伤病，这些伤病逐渐加重，并影响到他的比赛成绩。1996 年的美国亚特兰大奥运会，索托马约尔在比赛中仅名列第 11 位。

奥运会后，索托做了膝盖和脚踝的手术，虽然状态有所回升，但是旧伤病仍不时困绕着他。97 年 6 月，索托再次伤及右脚踝，被迫放弃了古巴全国运动会和中美洲和加勒比地区田径锦标赛。1998 年，索托似乎又恢复了元气，除了取得大奖赛的桂冠之外，还在纽约的友好运动会以及委内瑞拉的马拉开波举行的泛美运动会分别获得冠军。

2000 年的悉尼奥运会，索托马约尔 33 岁，已经算是一位高龄运动员，他在这届奥运会中最终获得跳高的银牌。

索托马约尔于 2001 年正式退役，此后他与朋友、前摔跤手罗伯托·德斯派格等人组织了一个乐队，并在古巴加勒比海岸的阳光海滩开了一家旅馆，为来往游客提供服务。

科斯塔蒂诺娃

斯蒂夫卡·科斯塔蒂诺娃（1965 年 3 月 25 日— ）出生在保加利亚普罗夫迪夫，是田径史上最伟大的女子跳高运动员之一，1987 年她在世界田径锦标赛上创造出 2.09 米的世界纪录，这一纪录保持至今，无人能破，这也是目前保持时间最长的田径纪录。

科斯塔蒂诺娃从小训练跳高，具有极好的跳高天赋，自 20 世纪 80 年代中期到 90 年代后期，科斯塔蒂诺娃在女子跳高这一项目中保持着绝对的优势，自 1985 年举行的首届室内田径世锦赛上获得金牌后，又在 1986 年欧锦赛上以 2.08 米的成绩获得冠军并首次打破世界纪录。

科斯塔蒂诺娃

次打破世界纪录。1987 年，科斯塔蒂诺娃第二次获得室内田径世锦赛冠军，到 1995 年为止，她在这项赛事中先后 5 次夺冠（1985、1987、1989、1993、1995），成为女子跳高项目中的传奇人物。在 1987 年罗马田径世锦赛上，科斯塔蒂诺娃以 2.09 米的成绩夺冠，并打破了自己保持的 2.08 米的世界纪录。

尽管科斯塔蒂诺娃是世界室内田径锦标赛上跳高项目的女王，但在

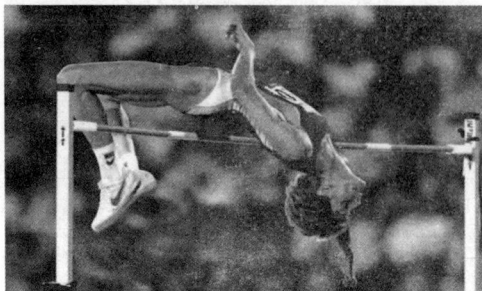

科斯塔蒂诺娃

奥运会上去屡遭失败。1984 年洛杉矶奥运会，由于东盟的抵制，19 岁的她失去了参赛的机会。1988 年汉城奥运会上，夺冠呼声很高的科斯塔蒂诺娃却不敌美国选手路易斯·莉特尔，只拿到银牌。1992 年更是状态不佳，甚至无法登上前三名的领奖台，仅获第四名。

1995 年科斯塔蒂诺娃生下了儿子，或许是生下孩子后的喜悦与幸福，产后的科斯塔蒂诺娃状态出色，在 7 个月后举行的田径世锦赛上一举摘得金牌。这次夺冠让她重拾信心，终于在 1996 年亚特兰大奥运会以 2.05 米的成绩拿下金牌并打破了奥运会纪录。科斯塔蒂诺娃在她的运动生涯中有 100 多次越过 2.00 米以上高度，这一纪录至今没有任何其他女选手能与之匹敌。退役后，她在保加利亚国会中任体育部副部长，并当选保加利亚奥委会主席。

布鲁梅尔

瓦列里·布鲁梅尔是苏联跳高明星，被誉为"宇宙航行员"。布鲁梅尔 1942 年 4 月 14 日出生，是前苏联田径权威人士 V·吉雅契科夫的高足，俯卧式跳高技术的杰出代表人物。布鲁梅尔不仅身体素质出众，而且技术也非常出色。他助跑速度快、起跳有力、摆动幅度大、动作连贯流畅。1960 年 18 岁

布鲁梅尔

的布鲁梅尔首次参加（第 17 届）奥运会，就以 2.16 米的成绩获得男子跳高的银牌。1961 ~ 1963 年期间，他以 2.23 米、2.24 米、2.25 米、2.26 米、2.27 米、2.28 米的成绩 6 次打破男子跳高世界纪录，震惊世界体坛，被人们誉为"宇宙航行员"。1964 年在东京奥运会上，他以 2.18 米的成绩打破奥运会纪录，并获金牌。布鲁梅尔在他的运动生涯中，共 23 次跳过 2.20 米以上的高度，他的最高成绩 2.28 米，超过身高 43 厘米。1961 ~ 1963 年他连续 3 年被评为"世界最佳田径运动员"。布鲁梅尔著有《跳高》一书并且是电影《跳的权利》的作者之一。1965 年布鲁梅尔因车祸不幸致残。1987 年国际田联庆祝成立 75 周年时，将其 1963 年飞越 2.28 米横杆的精彩瞬间，评选为世界田坛 75 年来"100 个金色时刻"之一。

叶莲娜·斯列萨连科

叶莲娜·斯列萨连科（1982 年 2 月 28 日— ）出生于俄罗斯伏尔加格勒，俄罗斯著名跳高运动员。她受教于跳高界的传奇人物哈维尔·索托马约尔。

在 2004 年初，几乎没有人会把世锦赛和奥运会夺金的赌注押在这位年仅 23 岁俄罗斯少女身上，因为此前她的最好成绩只有 1.98 米、但在 2004 年，她却像一位神秘的"星外来客"在女子跳高比赛中不断释放着耀眼的光芒。2004 年她参加在匈牙利布达佩斯举行的室内世界田径锦标赛女子跳高项目，以 2.04 米的高度一举夺冠。

斯列萨连科

接着她又在 2004 年雅典奥运会以令人震惊的 2.06 米的优异成绩夺得奥运金牌，并于同年在摩纳哥赢得了世界田径赛决赛。回顾整个 2004 赛季的比赛，斯列萨连科在 17 次比赛中只有 3 次失利，8 次获得了冠军，其中 11 次跃过 2.00 米的横杆（两次跃过 2.04 米，两次跃过 2.03 米，一次跃过 2.06 米），是除伊欣巴耶娃之外，唯一一位赢得当年世界室内锦标赛、奥运会和世界田径总决赛三项重大比赛金牌的跳高女运动员。

由于斯列萨连科令人惊奇的成绩，她因此成为自 1991 年德国的跳高名将亨克尔之后，第一位跻身当年世界最佳运动员前三甲的女跳高运动员，而她的 2.06 米的成绩也排在历史上的第 3 位。

2005 年，严重的起跳腿骨折迫使她错过了 2005 赛季几乎所有的重大比赛。2006 年，叶莲娜重返赛场并取得了欧洲田径锦标赛第五名的好成绩。2007 年，叶莲娜以 2.00 米的成绩夺得 2007 年大阪世界田径锦标赛第四名，以 2.01 米的成绩夺得了 2008 巴伦西亚室内世界田径锦标赛亚军。

如今，斯列萨连科已经算是高龄运动员，恐怕在竞争激烈的国际赛场上难以有所作为，但其过往的辉煌始终作为女子跳高史上的一页，留在人们的记忆中。

布兰卡·弗拉西奇

布兰卡·弗拉西奇（1983 年 11 月 8 日—　）出生于克罗地亚，是一位出色的跳高运动员，也是新科世界冠军。个人最好成绩是 2.07 米，这也是她创造的克罗地亚的国家纪录。世界上只有两个人能够超越弗拉西奇这一成绩。

弗拉西奇在 2007 大阪世锦赛中跳出 2.05 米的成绩夺冠，在此之前，她曾经赢得了 2004 年室内锦标赛的铜牌，同样她也是世界青年少年组的冠军。

弗拉西奇 2000 年以及 2004 年代表克罗地亚参加了两届奥运会，虽然没有取得多大的成就，毕竟参加这两届奥运会时还只有 16 岁和 20 岁，能参加高手如云的奥运会比赛，已经实属不易。参加过世界级的比赛后，弗拉西奇积累了许多宝贵的经验，并根据参赛实践不断改进自己的跳高技术，逐步提高跳高的水平。在 2006 年欧洲锦标赛的比赛中，弗拉西奇获得跳高的提四名，尽管没有获得奖牌，却成为了第一个成功跳出超越 2.00 米却没有获得奖牌的选手，可见女子跳高赛场上竞争的激烈。

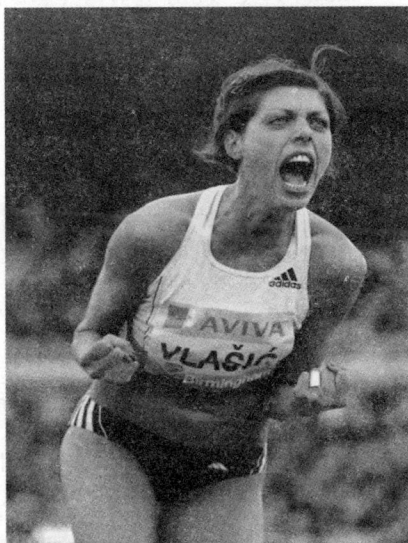

弗拉西奇

到 2007 年为止，她已经累计 47 次跳出 2.00 米以上的成绩，这时的弗拉西奇已经成长为世界顶尖的跳高选手，并且登上了世界排名的第一位。

主要成绩：

2000 年，获得悉尼奥运会资格赛第 8 名；世界青年田径锦标赛冠军。

2001 年，获得世界田径锦标赛第 6 名。

2002 年，获得世界青年田径锦标赛冠军；欧锦赛资格赛第 10 名。黄金联赛巴黎站第 4 名、布鲁塞尔站第 8 名。

2003 年，获得世界田径锦标赛跳高第 7 名；国际田联大奖赛总决赛第 4 名；黄金联赛巴黎站冠军、苏黎世站亚军、奥斯陆站第 8 名、罗马站第 7 名、柏林站第 5 名、布鲁塞尔站第 7 名及世界室内田径锦标赛第 4 名。

2004 年，获得世界室内田径锦标赛跳高第 3 名；俄斯特拉发田径赛冠军和黄金联赛卑尔根站第 3 名。

2007 年 10 月 4 日，当选为 2007 年度欧洲最佳女子田径运动员。这位 23 岁的克罗地亚姑娘由此成为第一个斩获这一荣誉的跳高选手。

2007 年她参加的 19 个室外比赛中，只有一次未拿到冠军。

2008 年，她在北京奥运会女子跳高中以 2.05 米的成绩获亚军。

2009 年，在柏林田径世锦赛上以 2.04 米的成绩夺冠。

2010 年，夺得多哈室内田径世锦赛女子跳高冠军。

2010 年，获国际田联钻石联赛挪威大奖赛女子跳高冠军。

2011 年，获得大邱世锦赛亚军。

2011 年，在国际田联萨格勒布挑战赛暨汉泽科维奇纪念赛上获得女子跳高亚军。

2013 年，在国际田联钻石联赛纽约站以 1.94 米的成绩获得冠军，并追平赛会纪录。

朱建华

朱建华（1963 年 4 月 1 日—　）生于上海，是中国田径运动史上著名的跳高运动员，前世界纪录保持者。1973 年开始接受跳高训练，1981 年在亚洲田径锦标赛上以 2.30 米的成绩破亚洲纪录。1983 年 6 月到 1984 年 6 月间，连续三次打破男子跳高世界纪录，将其从 2.35 米提高到 2.39 米。1983 年 6 月 11 日，他在全运会预赛中跳出 2.37 米，一举打破世界纪录；同年 9 月 22 日，

朱建华

他在五运会上以 2.38 米的成绩打破自己保持的世界纪录；1984 年 6 月
10 日，在联邦德国举行的一场跳高比赛中，朱建华将世界纪录再次提
高到了 2.39 米，这一成绩也是他职业生涯的最好成绩。

上小学三年级以前，他除了偶尔打几下乒乓球，极少参加体育活
动。但区体校的胡鸿飞教练看中了他，把他领进了跳高之门。自 1973
年开始朱建华在上海南市区业余体校进行跳高训练，仅仅六年之后，16
岁的朱建华即在世界中学生田径比赛中（1979 年）以 2.13 米的成绩获
得亚军，并打破了全国少年男子跳高纪录。一年之后，他的成绩从
2.13 米提高到 2.21 米，同年在墨西哥城举行的国际青年田径运动会上
又跳过了 2.25 米，获得冠军。1981 年 6 月在第四届亚洲田径锦标赛中
跳过 2.30 米，被评为该届田径赛最佳男子运动员，这个成绩打破了倪
志钦保持达十一年之久的 2.29 米的亚洲男子跳高纪录。1982 年在上海
举行的"金雀杯"田径赛中又将自己保持的亚洲纪录提高至 2.32 米，
同年在新德里第九届亚运会男子跳高比赛中，越过 2.33 米，获得金牌，
打破亚运会纪录和亚洲纪录，并成为当年世界上跳得最高的运动员，被
评为该届运动会最佳运动员。1983 年 9 月 22 日在第五届全运会预赛中，
跳过 2.37 米的高度，首次打破世界纪录，事隔三个多月后的全运会决
赛中，又以 2.38 米的成绩再次打破世界纪录。同年在第五届亚洲田径
锦标赛上获跳高冠军，在赫尔辛基第一届世界田径锦标赛上获第三名。
1984 年，在联邦德国埃伯斯塔特举行的国际跳高比赛中，朱建华以
2.39 米的优异成绩第三次打破他自己保持的世界纪录，达到自己运动
生涯的巅峰。

1990 年朱建华正式退役。4 月 30 日，在上海体育馆上海体委专门
为他举办的晚会上，朱建华身着深蓝色西服，手持话筒，向 1 万多名场
内观众和成千上万的电视观众告别："我从 10 岁开始在胡鸿飞教练的培
养和指导下，从事跳高事业，17 个春秋，我在体育场上赢得过掌声和
欢呼声，尝到了喜悦和欢乐，但也有许多难言的苦闷。特别是第 23 届

奥运会上没有能发挥出最好的水平，使我深深地感到遗憾。虽然我不能在运动场上与大家见面，但是我相信，我们还会再见面的。"

退役后他先到美国深造了四五年，边学习边在加州的一所大学田径队当教练。1995年回国后朱建华惦记着自己起步的地方：母校蓬莱二小，并在那儿建立了一个跳高俱乐部，由他本人担任总教练，他从全国各地选择了一批跳高苗子加以训练。俱乐部开销大，小选手训练要经费，其他教练工资要有着落。俱乐部每月开销至少要两三万。于是朱建华萌发了开办公司的念头，建华体育发展有限公司就是在这样的情况下成立的，主要经营体育场所建设，包括网球场、篮球场，另外还捎带体育咨询。公司成立3年多先后建造了十多处体育场馆，其中包括宁波市体育馆和网球场，位育高级中学的网球场、田径场等。

主要成绩：

1973年开始在上海南市区业余体校进行跳高训练。1979年在世界中学生田径比赛中，跳过2.13米，获得亚军，并打破全国少年男子跳高纪录。

1980年在全国田径锦标赛中以2.21米获得跳高冠军，同年在墨西哥城举行的国际青年田径运动会上跳过2.25米，获得冠军。同年还在第四届世界中学生运动会上获跳高冠军。

1981年6月在第四届亚洲田径锦标赛中跳过2.30米，被评为该届田径赛最佳男子运动员，这个成绩打破了倪志钦保持达十一年之久的2.29米的亚洲男子跳高纪录，相当于当年世界第五名的水平。

1982年在上海举行的"金雀杯"田径赛中又将自己保持的亚洲纪录提高至2.32米，同年在新德里第九届亚运会男子跳高比赛中，越过2.33米，获得金牌，打破亚运会纪录和亚洲纪录，并成为当年世界上跳得最高的运动员，被评为该届运动会最佳运动员。

1983年9月22日在第五届全运会预赛中，跳过2.37米的高度，首次打破世界纪录，事隔三个多月后的全运会决赛中，又以2.38米的成绩再次打破世界纪录。同年在第五届亚洲田径锦标赛上获跳高冠军，在赫尔辛基第一届世界田径锦标赛上获第三名。

1984 年在联邦德国埃伯斯塔特举行的国际跳高比赛中，以 2.39 米的优异成绩第三次打破他自己保持的世界纪录；同年在洛杉矶第二十三届奥运会跳高决赛中，以 2.31 的成绩获铜牌。

1985 年在全国田径锦标赛和南京国际田径赛中均跳过 2.23 米。

1986 年在汉城第十届亚洲运动会上，以 2.31 米的成绩获男子跳高冠军。创造 2.31 米的世界记录

1987 年在第六届全运会跳高比赛中以 2.24 米获得冠军，在全国男子跳高精英赛中跳过 2.25 米的高度，在第一届世界室内田径锦标赛中以 2.28 米获第八名。

1988 年退役，90 年代初期赴美留学。回国后经商，从事体育经纪事业。

2008 年 05 月 24 日 15 时 2 分，担任奥运圣火上海站传递的末棒火炬手

巴西姆

巴西姆（1991 年 6 月 24 日—）出生于卡塔尔，媒体称年轻的巴西姆就像"火箭"一样，迅速蹿升到跳高竞技的顶级运动员圈子之中。巴西姆是土生土长的卡塔尔人，在卡塔尔著名的阿斯皮雷体育学院里开始练习跳高。该体育学院设施先进，共设有足球、田径、乒乓球、柔道、体操、游泳、网球、击剑、赛艇、射击和高尔夫球等专业，运动员近 400 名。另外，该学院还高薪聘请了许多世界著名教练，成为卡塔尔培养高水平运动员的基地。

巴西姆的成功，得益于该学院聘请的瑞典著名教练斯塔尼斯劳的高水平指导。斯塔尼斯劳以前是撑竿跳选手，获得过 2005 年欧洲室内冠军头衔，具有丰富的实践经验和训练体会。后来，他转行当教练先后培

巴西姆

养出多位不同项目的优秀选手，如欧洲男子 110 米栏青年冠军诺斯梅，世界室内撑竿跳亚军和奥运会季军多蒂尔和欧洲男子青年跳高季军索恩布拉德等，成为瑞典国家队男子跳高教练。

2010 年，斯塔尼斯劳放弃瑞典国家队教练工作来到阿斯皮雷体育学院，接手巴西姆和其他几位跳高选手的训练，其中包括巴西姆的弟弟莫阿马尔。由于斯塔尼斯劳注重提高运动员全面的身体素质和专项能力，强化巴西姆的助跑速度和起跳节奏，最终使其成绩突飞猛进，次年便突破了 2.35 米大关。

回顾巴西姆的成长过程，他有记录的成绩始于 2009 年，当时还是青年赛选手，室外最好成绩只有 2.14 米，但一年后最好成绩一下子提高了 17 厘米达到了 2.31 米，跻身世界水平。2011 年，巴西姆在日本举行的亚洲田径锦标赛上又将个人最好成绩提升到 2.35 米，进入了世界优秀选手行列。巴西姆室内成绩 2010 年只有 2.25 米，仅仅一年之后，就达到了 2.37 米，几乎可以"一步登天"来形容。

2010 年，巴西姆初登国际赛场便一鸣惊人，在当年的亚洲青年田径锦标赛上，他以 2.31 米的成绩创造了全国纪录，同时也是同年世界青年最好成绩。接着，巴西姆便在亚洲和国际比赛中屡屡创造奇迹，冠军接踵而来：2010 年世青赛冠军（2.30 米）、亚洲田径锦标赛冠军（2.35 米），创造了新的全国和亚洲纪录；世界军人运动会冠军（2.28 米），2011 年韩国大邱田径世锦赛第 7 名（2.32 米），2011 年阿拉伯运动会冠军和海湾国家运动会冠军。

2013 年国际田联钻石联赛尤金站，巴西姆先是跳过了 2 米 36 的高度与美国的凯纳德、加拿大的德罗因同时创造赛会纪录和当年世界最好成绩，德罗因还破了加拿大全国纪录。当高度升到 2.39 米后，三人前两次都没有跳过，最后一跳先出场的凯纳德和德罗因再告失手，由于今天只有巴西姆一人在所有高度上一次跳过，此时他已经拿到冠军。艺高人胆大的巴西姆干脆放弃 2.39 米，直接攻击 2.40 米，结果卡塔尔天才一跃而过，再次打破赛会纪录的同时又再次创造了今年世界最好成绩，新的亚洲纪录也就此诞生！这是人类第 25 个 2.40 米及以上的成绩，而在进入 21 世纪后，只有俄罗斯选手沃洛宁在 2000 年跳到出 2.40 米的成绩。

巴西姆身体素质极好，具有欧美选手的爆发力、速度和弹跳力，再加上世界级教练的科学指导与自己刻苦的训练和夺冠欲望，自然能在这一项目上取得佳绩。如今，巴西姆的弟弟也已崭露头角，取得过 2.16 米的好成绩。可以预见，在当今跳高项目上，这两兄弟还有很多不可思议的潜力可挖。

跳远明星

鲍勃·比蒙

鲍勃·比蒙（1946 年 8 月 25 日—　）出生于美国纽约，从小就失去了父母，他是在纽约贫民窟中长大的。

作为一个黑人孩子，比蒙童年时代的生活是悲惨的。比蒙的母亲在生下他后 11 个月，便被可怕的肺结核病夺去了生命，而且比蒙根本不知道他的生父是谁。母亲死后，比蒙由继父和祖母抚养，寄居在纽约一幢拥挤不堪的破楼房里。他的继父是个十分凶残的酒鬼，每当他喝得酩酊大醉时，比蒙便成为他发泄的对象，继父把他打得鼻青脸肿，晕头转

比蒙

向。13 岁的比蒙就已经和廉价酒交上了朋友，只要弄到一点钱，他就跑到酒店里狂饮。他还在没有钱时偷偷地出售大麻。后来，他被送到纽约的一所专为难以管教的孩子开设的学校。比蒙在那里反倒学习了不少知识，而且体育锻炼也弥补了生活上的空虚。校方常常鼓励学生们进行田径运动、打篮球，比蒙酷爱的是跳远。他经常一个人在学校的沙坑里不停地跳，他说跳远简直使我入了迷，我有一种使命感，我知道这就是我所应该执著追求的事业。

比蒙 16 岁时，在一次由当地一家报纸主办的少年运动会上崭露头角，跳出了 7.32 米的好成绩。这改变了他的生活道路，从此他便开始了自己的田径生涯。经过刻苦的训练，比蒙的身体素质达到了世界超一流水平，他 100 米的成绩是 10.3 秒，跳高 2.05 米、三级跳远达到 15.76 米。

1968 年奥运会前，鲍勃·比蒙在 23 次比赛中 22 次夺冠，树立了他作为世界头号跳远运动员的地位。但是在奥运会的资格赛中，他遇到了麻烦，开始两跳他都犯规，他的队友波斯顿建议他将起跳位置往后移几厘米。比蒙接受了他的建议，尽管起跳点离标准点还有几厘米，但是比蒙还是轻松过关。

1968 年 10 月 17 日，奥运会男子跳远预赛在墨西哥城的奥林匹克体育场进行。美国著名选手博斯顿跳出 8.27 米的好成绩，比蒙紧随其后，他很聪明地保留了实力，以 8.19 米的成绩轻松超过 7.65 米的及格标准。

决赛于第二天进行。在第一轮试跳中，来自日本、牙买加和西德的选手出人意料地相继犯规。然后，比蒙站在了起点。

不知道是因为地滑还是因为紧张，最前面的三个试跳的人都犯规了。这时候轮到比蒙了。

跳远的世界纪录是一个经常被打破的世界纪录：从 1901 年到 1968 年，这个项目的世界纪录一共被打破了 13 次，每次平均被提高的幅度是 6 厘米，最多的一次也只有 15 厘米。而在这一天，这一切注定都要改变。

比蒙一面走向跑道，一面在心里不停地对自己说："不要犯规！不要犯规！"从比蒙到了德州大学练习跳远，他就一直致力于改进自己的技术，采用了那种在空中走步式的动作——这种动作大概在 40 年前，也就是 1922 年到 1927 年间，美国人勒让得尔一直使用，却很少有别人采用这个技术动作。而今天这样的动作已经在跳远比赛中成为了很常见的一种动作。这时候，波士顿走到他的身边对他说："来吧，看你的了！"比蒙伸出拳头和他的大师兄兼私人教练碰了一下，站到了他们共同找好的起跳点后面。大约 20 秒沉寂之后，他冲了出去，一路加速，到了起跳之前的一瞬间，他有意识地减慢了速度，伸展了步幅，完美地踩过踏板，奋力一跃，整个身体弹出一个漂亮的弧线，落地后反弹力道很大，他甚至被弹出了沙坑。

那时的田径比赛在跳远沙坑的边上，并没有现在那种远度的标志，不过看到比蒙的这一跳，大家还是被震住了。

坐在电视解说席上的一名解说员当时就惊呼："这个小子竟然跳出了沙坑！"

波士顿拉住戴维斯说："这一跳一定有 28 英尺（8.50

比蒙在比赛中

米以上）。"

戴维斯有些不信："这只是第一跳，会有那么远吗？不可能。"然后就走过去看裁判测量。负责测量的裁判一边拿起皮尺走向沙坑，嘴里一边嘟囔着："太精彩了！太精彩了！"

几分钟后，结果出来了——记分牌上打出了 8.90 米的成绩。但对于一直生长在美国的比蒙来说，这个数字没有什么意义，因为他一直是以英尺计算成绩的，所以 8.90 米是多少，他并不清楚。不过其他的对手们已经感到了沮丧。苏联的伊戈尔说："和这样的一跳相比，我们不都成了小孩子了吗？"

而上届奥运会的跳远冠军戴维斯更是愤怒地走到比蒙面前对他说："你毁掉了这次比赛！"

此时的比蒙甚至不知道发生了什么，他只知道自己破了纪录，于是他只能求救般地看着波士顿。

波士顿一把抱住了比蒙，兴奋地对他大叫着："你跳过了 29 英尺！"

一年前，波士顿创造了新的跳远世界纪录：8.35 米（27.4 英尺）。而比蒙成了第一个突破 28 英尺又跳过了 29 英尺的人，他把跳远的世界纪录一下子提高了 55 公分。"我怎么可能跳这么远？"比蒙一点都不相信这一结果，直到广播播出了换算成英尺以后的结果。

听到广播，比蒙一下子瘫倒在了地上，眼泪也不停地流下来。波士顿搀扶着他，直到医生确认这只是过分激动造成肌肉僵硬所导致的结果。后来的雨越下越大，其他的选手也变得有些无精打采。比蒙的第二跳只跳了 8.03 米，然后他就放弃了其余四次试跳的机会。而那次奥运会上第二名和第三名的成绩也只有 8.17 米和 8.16 米。波士顿最后还是获得了第三名。

比蒙邮票

这样的一跳，后来被誉为人类历史上"最伟大的一跳"。

他的这个 8.90 米的纪录一直维持了 23 年之久。到了 1991 年的东京世界田径锦标赛上，才被美国跳远运动员鲍威尔所打破，新的世界纪录是 8.95 米。而比蒙的这一纪录也成了被保持时间最长的世界纪录之一。

迈克·鲍威尔

迈克·鲍威尔（1963 年 11 月 10 日— ）出生于美国的费拉德尔菲亚。他从小喜爱体育运动，高中时期曾是校篮球队队员，后来改练跳远。迈克·鲍威尔是美国优秀的男子跳远运动员，1991 年他以 8.95 米的成绩打破了比蒙保持了近 23 年的男子跳远世界纪录。

根据人的生理机能，体育运动的成绩存在极限，一个运动员最大限度地发挥其运动技能，也只能够接近或达到这个极限——很多体育专家如此断言。而

鲍威尔

且，人体在运动超过这个极限时，会受到剧烈的损伤。对于跳远这项体育运动，专家推算其极限成绩是 8.90 米左右，这时运动员的腿部要承受高达 770 公斤的力量。人类是否能够达到这个惊人的跳远极限呢？在 1968 年的墨西哥城奥运会上，美国的跳远巨星罗伯特·比蒙创造了这个神话般的纪录。23 年之后，鲍威尔则超越了这一神话。

鲍威尔的体育生涯始于篮球。高中时他迷上了篮球，渴望能成为一名职业球员，但教练发觉他运球过人的能力太差，宣布了他的"死刑"。篮球明星虽没当上，但他却练就一手扣篮的绝活。1990 年，他曾在一次扣篮比赛中，技艺超群，夺得了 5 万美元的头奖。

高中时他练跳远只是为了好玩。1980 年，他 16 岁时，跳出 6.68 米。1982 年他考进加州大学社会学系，那年跳远成绩提高到 7.48 米。他的才华一经显露，从此，便认真地专攻跳远了。他曾梦想入选美国队参加 1984 年洛杉矶奥运会，但在选拔赛上他落榜了。

不甘心于只当观众看热闹的鲍威尔，于是报名参加志愿服务人员，白天当班车司机，抽空还为瑞典广播、电视台当技工。此后两年，鲍威尔的成绩始终没有大的长进。1987 年是他最得意的一年，他以 8.27 米获世界大学生运动会跳远冠军，在田径大奖赛决赛中他战胜了迈瑞克斯、埃米扬等世界名将。

1988 年，世界三级跳远纪录保持者班克斯的教练兰蒂·亨亭顿收他为弟子，他的运动生涯也到了关键的一年。在汉城奥运会上，他跳出个人最好成绩——8.49 米，排在刘易斯之后，夺得银牌。从那以后，鲍威尔便梦想超过刘易斯。1989 年，他最好成绩为 8.49 米。1990 年，虽然友好运动会上输给刘易斯 4 厘米。但是首次以赛季最好成绩 8.66 米排名世界第一。

1991 年 8 月 30 日。东京国立竞技场。美国人迈克·鲍威尔站在跑道上。远处，男子跳远那方金黄的沙坑在灯光下像平静的水，耳边，6 万名狂热的观众掀起巨大的声浪。这位火爆脾气黑人的胸膛在剧烈地起伏着，他已经被同胞卡尔·刘易斯几分钟前那 8.91 米超风速的成绩刺激得血脉充盈。鲍威尔在胸前郑重划了个十字，继而双臂高高举起，邀请全场观众为他击掌助威。夜幕灯光下，他威严地甩动几下胳膊，动员起全身潜存的能量，烈马扬鞭般地驰向沙坑。然后鲍威尔大叫一声，像只怪异的大鸟腾空飞起，在空中划出一道优美绵长的弧线，最终降落在 9 米线旁。全场观众发出惊喜的欢呼。

后来鲍威尔回忆说："跳之前，我感觉到体内凝聚起巨大能量，我把刘易斯那 8.91 米当做对我个人的挑战，我大声地对自己说：'好，超过这家伙！'助跑时，我感到耳旁的风和富有弹性的跑道，一切都有股反常的舒适……起跳时我记得自己大叫一声，落地时我感到体内仍保留着一些进攻的能量，我又狠狠地叫了一声。当时我没有想到卡尔，没有想到观众，我只想到我就需要这样狠狠地来了一下子。我清楚这一跳不近，走出沙坑时，我激动起来……"鲍威尔从沙坑中走出来，那 9 米线旁耸起的沙堆使他喉咙梗塞。他紧张地等待着裁判们仔细丈量。

大屏幕上，只见鲍威尔脸上的肌肉在紧张地抽搐，他不安地舔着上唇。时间在一秒秒地过去……突然，裁判中一阵反常的骚动。接着，"8.95 米"的成绩赫然亮在天地之中。台风海啸般的观众吹呼声，几乎掀翻了整个体育场。

这是人类体育史上最为重要的时刻之一，美国运动员比蒙 1968 年在墨西哥城高原上创造的 8.90 米，被称为"21 世纪的一跳"。23 年来这纪录就像阿尔卑斯山一样无法动摇。然而，这一切，瞬间即被鲍威尔全部扫去，世界田坛上两个传奇的神话随之而破：比蒙的"21 世

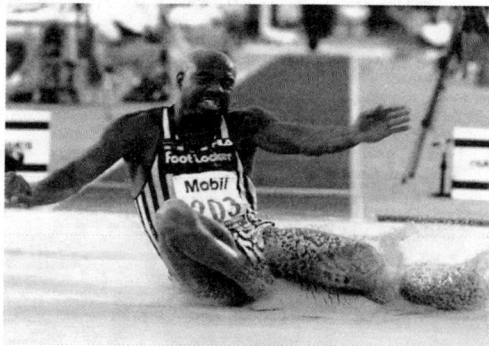

鲍威尔在比赛中

纪的纪录"被刷新；刘易斯 10 年来"65 连胜"的历史结束了。鲍威尔的名字和形象很快被世界各大报纸刊登，东京电视台用几个频道播出采访他的专题报道。

几天前跑出人世间百米最快速度的田径巨星刘易斯，10 年来早已习惯于把沙坑看做是自己的世袭领地。靠着天分和发奋，他无需花太多气力，总能把对手击垮。他和鲍威尔同场较量过 15 次，无一失败纪录。直到在大屏幕上还没出现 8.95 米的字样之前，刘易斯还认定自己是胜券在握。因为，他第一跳跃出 8.68 米，第二跳犯规，后两次在超风速

下跳出 8.83 米和 8.91 米的好成绩。而鲍威尔在破纪录前表现相当一般，前 3 次跳的成绩为 7.85、8.54、8.29 米，第 4 次犯规，落点在 8.80 米附近，也正是那次犯规跳出的成绩，使鲍威尔感到了自己的实力。

鲍威尔胜定后，飞身翻越到观众席，和他的教练兰蒂·亨亭顿紧紧拥抱。

根据后来的研究数字表明，刘易斯虽然百米速度独步天下，但在助跑后 6 米的速度却远不及鲍威尔。后者虽然百米速度仅 10.40 秒，但起跳前几步积极加速。另外，这位身高 1.90 米的黑人选手，在高中时就有擅长打篮球的经历，使他具备了惊人的弹跳力。

鲍威尔 8.95 米的跳远世界纪录至今无人能破，成为体育运动史上一个难以逾越的障碍。

卡尔·刘易斯

卡尔·刘易斯（1961 年 7 月 1 日—　）生于美国伯明翰的一个体育世家。他的父母亲都是田径教练。母亲艾夫琳年轻时是跳栏和跳远运动员，曾入选美国队参加泛美运动会。父亲比尔·刘易斯年轻时也是美国短跑和足球运动员。

刘易斯在比赛中

1979 年，18 岁的刘易斯已长成了 1.88 米高的大小伙子，就读于具有田径传统的休斯顿大学。这时，知识使他日益丰富起来。更主要的是他遇到了对他影响巨大的戴勒斯教练。戴勒斯一见到刘易斯，就发现他具有优秀运动员的素质，根据卡尔的特点，戴勒斯给他以积极的指导，使刘易斯形成了 23 步，长达 52 米的跳远助跑，速度达每秒 11.80 米，超过了所有跳远运动员。这惊人的速度，给他赢得了一秒半的腾空时间。同时也为保持他在空中平衡，由挺身式改成现在空中走三步的动作。这样，不断地改进和创新，教与练的默契配合，刘易斯跳远与短跑的技术都日臻精湛、完美。

1983 年，是刘易斯事业的全盛时期。这年 5 月 14 日，在美国莫第斯托举行的一次田径比赛中，他创造了平原地区百米跑 9.97 秒的成绩，离美国运动员海因斯 1968 年在高原地区墨西哥城创造的 9.95 秒的世界纪录只差 0.02 秒。一个月后，在全美田径锦标赛上，刘易斯先是获得了百米跑冠军，接着又奋力一跳，以 8.79 米的成绩创造了离 8.90 米的跳远世界纪录只差 11 厘米的历史上第二个好成绩。不久之后，刘易斯又在赫尔辛基举行的第一届世界田径锦标赛上独得了百米、跳远和 4×100 米接力的 3 枚金牌。刘易斯的崛起，使进展最慢的 100 米、200 米和跳远 3 项世界纪录受到了猛烈冲击。

刘易斯最为遗憾的时刻大概是 1991 年 8 月 30 日，在日本东京举行的第三届世锦赛上虽然以 8.91 米的出色成绩打破比蒙保持的世界纪录，可是这一新的纪录仅仅保持了一会，就被鲍威尔再次刷新！多年不破的跳远世纪纪录竟然被两次打破！

卡尔·刘易斯还有一个许多人不知道的特点，这位国际顶级的全能型运动员竟然是一位素食主义者，而其自称运动状态最好的时期就是进行严格素食的一年间。

南部忠平

南部忠平（1904 年 5 月 27 日— ）出生于日本的北海道，自幼爱好体育运动，擅长跳远、三级跳远。在学校田径比赛中，屡屡名列前茅。作为日本的田坛先驱，20 年代末和 30 年代初曾两次参加奥运会并取得名次，他与织田干雄一起共同开创了日本田径在三十年代的黄金时代。

南部忠平生活的时代还没有成体系的技术理论，但是他学会了从生活中学习田径技术：为了学习如何跑，他观察马的运动姿势；为了提高跳跃能力，他观察青蛙和猴子的跳跃；为了提高手臂的摆动，他观察火车车轮的运动。

南部忠平

1928 年他第一次参加在阿姆斯特丹举行的第九届奥运会，以 15.01 米获得三级跳远第 4 名，还获得跳远第 9 名（7.25 米）。织田干雄对他的技术作过指点，使他形成了助跑速度快（100 米成绩达到 10.4 秒），踏跳有力，腾空阶段上体显著前倾的独特技术风格。1931 年 10 月 27 日在东京，他以 7.98 米创造了男子跳远的世界纪录。这是现代田径史上迄今为止亚洲人第一次也是唯一的一次打破跳远这个项目的世界纪录。

1932 年在洛杉矶第十届奥运会的跳远比赛中，南部忠平以世界纪录保持者的身份参赛，可惜运气不佳只跳了 7.45 米，仅获得男子跳远比赛的铜牌，为此他懊悔不迭，决心在三级跳远中再展雄风。两天之后（8 月 4 日），南部忠平果然身手不凡，他在三级跳远决赛的第五次试跳中取得了令人难以置信的成功——以 15.72 米一举刷新了织田干雄 1931 年 10 月 27 日在东京创造并保持的 15.58 米的世界纪录，获得金牌，从而使日本队蝉联此项冠军。

南部忠平是亚洲第二个获奥运会金牌的田径运动员，也是夏季奥运会八十八年历史上四位获奥运会金牌的亚洲田径选手之一。他曾在大阪每日新闻社工作，并担任过日本一个短期大学的教授，现任日本女子学院院长。为了表彰他作为奥运会冠军和优秀田径教练员对日本体育、世界田径运动和国际奥林匹克运动的贡献，1983 年国际奥委会向他颁发了奥林匹克银质勋章。他是继织田干雄（1979 年）荣膺这一奖章之后的第二个亚洲人。

加琳娜·奇斯佳科娃

奇斯加科娃（1962 年 7 月 26 日— ）出生于乌克兰的伊兹梅尔，少年加琳娜·奇斯佳科娃时期就显示出了卓越的运动天赋。她的速度和弹跳力非常的出众，于是她选择了跳远作为自己的专门项目，在教训的指导下开始了系统的训练。

奇斯加科娃一开始训练，其运动成绩随之迅速提高。80 年代初期，她与苏联著名三级跳远运动员亚历山大·贝斯克罗夫结为夫妻，强强联合的奇斯加科

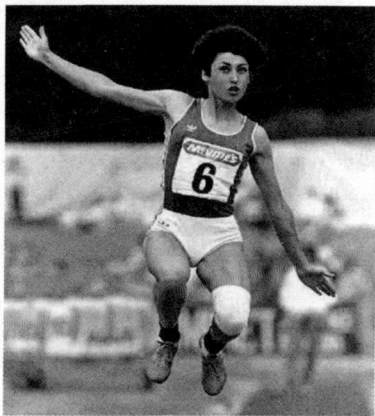

奇斯加科娃

娃在丈夫的帮助下进行训练。奇斯加科娃经常采用三级跳远的训练方法和手段来发展腿部力量和爆发力，取得了很好的效果。她的立定跳远成绩令人吃惊，达到 3.10 米，与许多男运动员相差无几。1984 年她三次跳出 7 米以上的成绩（7.11 米、7.21 米和 7.29 米），排当年世界第二位。1985 年她以 7.28 米的成绩夺得欧洲杯女子跳远冠军，同年在第 4 届世界杯田径赛上以 7.00 米的成绩夺得第二名。

1986 年 7 月她以 7.27 米的成绩获得友好运动会金牌，这一年她的最好成绩达到了 7.34 米，排当年世界第二位。1987 年她获得第 2 届世界田径锦标赛第 5 名。1988 年是奇斯加科娃运动生涯的顶峰，6 月 11 日她在列宁格勒以 7.52 米的惊人成绩打破了 7.45 米的女子跳远世界纪

录，成为有史以来第一个突破女子跳远 7.50 米大关的运动员。同年她又以 7.11 米的成绩夺得了第 24 届奥运会女子跳远的铜牌。除了擅长跳远外，奇斯加科娃的三级跳远成绩也非常突出，早在 1986 年她就两创女子三级跳远室内最好成绩，1990 年以 14.14 米的成绩创造了该项目的室内世界纪录。

奇斯加科娃创造的女子跳远世界纪录至今无人能破。

达莉娅·克里什娜

达莉娅·克里什娜（1991 年 1 月 15 日— ）生于俄罗斯的斯特维尔州。她从小具有运动天赋，13 岁前一直在练习打排球，直到有一天被教练发现她出色的身体条件和跳远天赋，这才改练跳远。自 2007 年参加世界青年锦标赛并收获冠军奖牌后，克里什娜在接下来的几年中取得了一系列优异的成绩，2009 年在欧洲青年锦标赛中荣获冠军。2010 年多哈世界室内田径锦标赛跳远第五名，并成为俄罗斯青少年跳远纪录的保持者。2011 年荣获欧洲青年锦标赛和欧洲室内田径锦标赛两个跳远冠军，2012 年虽然在伦敦奥运会失利，但在 2013 年又收获了喀山大运会跳远的冠军。

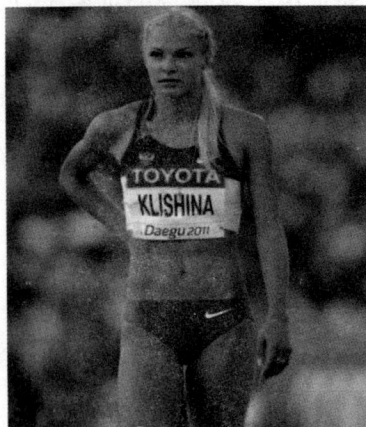

克里什娜

如今，年仅 23 岁的克里什娜还远未达到其运动的巅峰状态，其潜力为跳远运动界的许多前辈和媒体看好，更让媒体为之倾倒的是其靓丽的外表，精明的商家早已瞄上克里什娜的全球影响力，全世界最著名的体育娱乐经纪公司 IMG 早早地和她签约，红牛、耐克这些大牌也纷纷向她抛来了橄榄枝，而在俄罗斯国内她也早早地成为各大杂志争抢的封面人物，虽然尚未达到运动的巅峰状态，克里什娜似乎已经成为体坛和娱乐界的双料明星。

卢瑟福德

卢瑟福德（1986 年 11 月
17 日— ）作为一位英国的跳
远选手，在 2012 伦敦奥运会上
为英国贡献了一枚金牌。

在 2012 奥运会中，英国队
在奥运会田径比赛首日发挥出
地利的优势，创造出良好的成
绩，卢瑟福德在跳远比赛中夺

卢瑟福德

金让整个伦敦碗内观战的英国观众为之欢呼。但是他获得金牌的成绩
8.31 米却是近 40 年来奥运会跳远冠军中的最差成绩。40 年来，从 1972
年慕尼黑奥运会上威廉姆斯为美国获得跳远金牌以后，每一个奥运会跳
远冠军的成绩都至少在 8.34 米以上，而传奇名将卡尔·刘易斯更是在
1988 年汉城奥运会上创造的 8.72 米的出色成绩。

在 2012 奥运会上，卢瑟福德以 8.31 米的成绩获得冠军，第二名是
澳大利亚选手瓦特，他的成绩是 8.16 米，这一成绩在过去的 8 届奥运
会中甚至都不能获得一枚奖牌。来自美国的卡拉耶获得第三，成绩只有
8.12 米。跳远比赛选手的低迷表现出近年来跳远项目整体的低迷状态。
尽管成绩不是很理想，卢瑟福德作为新一届奥运会跳远金牌得主仍然心
花怒放，期待着未来能创造出更好的成绩。

PART 12 历史档案

跳高世界纪录

性别	成绩	创造人	创造日期	创造地点
男子	2.45 米	索托马约尔（古巴）	1993 年 7 月 27 日	萨拉曼卡
女子	2.09 米	科斯塔迪诺娃（保加利亚）	1987 年 8 月 30 日	罗马

跳高世界室内田径纪录

性别	成绩	创造人	创造日期	创造地点
男子	2.43 米	索托马约尔（古巴）	1989 年 3 月 4 日	布达佩斯
女子	2.08 米	博格奎斯特（瑞典）	2006 年 2 月 4 日	阿恩施塔特

跳远世界室内田径纪录

性别	成绩	创造人	创造日期	创造地点
男子	8.79 米	刘易斯（美国）	1984 年 1 月 27 日	纽约
女子	7.37 米	德雷克斯勒（德国）	1988 年 2 月 13 日	维也纳

跳高世界青年田径纪录

性别	成绩	创造人	创造日期	创造地点
男子	2.37 米	托皮克（南斯拉夫）	1990 年 8 月 12 日	普罗夫地夫
女子	2.01 米	鲍尔克（民主德国）	1989 年 6 月 18 日	卡尔马克斯城

跳远世界青年田径纪录

性别	成绩	创造人	创造日期	创造地点
男子	8.34 米	威廉姆斯（美国）	1972 年 9 月 8 日	慕尼黑
女子	7.14 米	德雷克斯勒（民主德国）	1983 年 6 月 4 日	布拉蒂斯位瓦

跳高亚洲田径纪录

性别	成绩	创造人	创造日期	创造地点
男子	2.39 米	朱建华（中国）	1984 年 6 月 10 日	埃伯斯塔特
女子	1.99 米	艾托娃（哈萨克斯坦）	2009 年 7 月 13 日	雅典

跳远亚洲田径纪录

性别	成绩	创造人	创造日期	创造地点
男子	8.48 米	穆罕默德（沙特）	2006 年 7 月 2 日	索特威尔
女子	7.01 米	姚伟丽（中国）	1993 年 6 月 5 日	济南

跳高亚洲室内田径纪录

性别	成绩	创造人	创造日期	创造地点
男子	2.31 米	朱建华（中国）	1986 年 3 月 5 日	神户
女子	1.98 米	札雷佛斯卡亚（哈萨克斯坦）	1996 年 3 月 2 日	萨玛拉

跳远亚洲室内田径纪录

性别	成绩	创造人	创造日期	创造地点
男子	8.24 米	萨尔曼（沙特阿拉伯）	2008 年 2 月 16 日	多哈
女子	6.82 米	杨娟（中国）	1992 年 3 月 13 日	北京

跳高全国田径纪录

性别	成绩	创造人	创造日期	创造地点
男子	2.39 米	朱建华（中国）	1984 年 6 月 10 日	联邦德国
女子	1.97 米	金玲（中国）	1989 年 5 月 7 日	滨松

跳远全国田径纪录

性别	成绩	创造人	创造日期	创造地点
男子	8.40 米	劳剑峰（中国）	1997 年 5 月 28 日	肇庆
女子	7.01 米	姚伟丽（中国）	1993 年 6 月 5 日	济南

跳高全国室内田径纪录

性别	成绩	创造人	创造日期	创造地点
男子	2.31 米	朱建华（中国）	1986 年 3 月 5 日	神户
女子	1.93 米	金玲（中国）	1997 年 2 月 19 日	北京

跳远全国室内田径纪录

性别	成绩	创造人	创造日期	创造地点
男子	8.23 米	黄庚（中国）	1996 年 2 月 27	北京
女子	6.82 米	杨娟（中国）	1992 年 3 月 13 日	北京

奥运会跳高成绩

1896 年第 1 届夏季奥运会

性别	名次	姓名	国籍	成绩
男子	第 1 名	克拉克	美国	1.81 米
	第 2 名	康诺利	美国	1.65 米
	第 3 名	加勒特	美国	1.65 米

1900 年第 2 届夏季奥运会

性别	名次	姓名	国籍	成绩
男子	第 1 名	巴克斯特	美国	1.90 米
	第 2 名	莱希	英国	1.78 米
	第 3 名	根济	匈牙利	1.75 米

1904 年第 3 届夏季奥运会

性别	名次	姓名	国籍	成绩
男子	第 1 名	萨缪尔·琼斯	美国	1.80 米
	第 2 名	塞维斯	美国	1.77 米
	第 3 名	魏因施泰因	德国	1.77 米

1908 年第 4 届夏季奥运会

性别	名次	姓名	国籍	成绩
男子	第 1 名	哈里·波特	美国	1.90 米
	第 2 名	莱希	英国	1.88 米
	第 2 名	伊斯万·索莫迪	匈牙利	1.88 米
	第 2 名	乔治斯·安德烈	法国	1.88 米

1912 年第 5 届夏季奥运会

性别	名次	姓名	国籍	成绩
男子	第 1 名	阿尔马·里查兹	美国	1.93 米
	第 2 名	汉斯·利舍	德国	1.91 米
	第 3 名	乔治·霍林	美国	1.89 米

1920 年第 7 届夏季奥运会

性别	名次	姓名	国籍	成绩
男子	第 1 名	雷蒙德·兰登	美国	1.93 米
	第 2 名	哈罗德·穆勒	美国	1.90 米
	第 3 名	埃克伦德	瑞典	1.90 米

1924 年第 8 届夏季奥运会

性别	名次	姓名	国籍	成绩
男子	第 1 名	奥斯本	美国	1.98 米
	第 2 名	布朗	美国	1.95 米
	第 3 名	莱登	法国	1.92 米

1928 年第 9 届夏季奥运会

性别	名次	姓名	国籍	成绩
男子	第 1 名	罗伯特·金	美国	1.94 米
	第 2 名	赫尔斯	美国	1.91 米
	第 2 名	梅纳尔	法国	1.91 米

1932 年第 10 届夏季奥运会

性别	名次	姓名	国籍	成绩
男子	第 1 名	麦克诺顿	加拿大	1.97 米
	第 2 名	范奥斯德尔	美国	1.97 米
	第 3 名	托里维奥	菲律宾	1.97 米

1936 年第 11 届夏季奥运会

性别	名次	姓名	国籍	成绩
男子	第 1 名	约翰逊	美国	2.03 米
	第 2 名	奥尔布里顿	美国	2.00 米
	第 3 名	瑟伯	美国	2.00 米
女子	第 1 名	恰克	匈牙利	1.60 米
	第 2 名	奥达姆	英国	1.60 米
	第 3 名	考恩	德国	1.60 米

1948 年第 14 届夏季奥运会

性别	名次	姓名	国籍	成绩
男子	第 1 名	温特	澳大利亚	1.98 米
	第 2 名	保尔松	挪威	1.95 米
	第 3 名	斯坦尼奇	美国	1.95 米
女子	第 1 名	科赫曼	美国	1.68 米
	第 2 名	泰勒	英国	1.68 米
	第 3 名	奥斯特迈尔	法国	1.61 米

1952 年第 15 届夏季奥运会

性别	名次	姓名	国籍	成绩
男子	第 1 名	戴维斯	美国	2.04 米
	第 2 名	威斯纳	美国	2.01 米
	第 3 名	孔塞桑	巴西	1.98 米
女子	第 1 名	布兰德	南非	1.67 米
	第 2 名	勒威尔	英国	1.65 米
	第 3 名	丘吉娜	苏联	1.63 米

1956 年第 16 届夏季奥运会

性别	名次	姓名	国籍	成绩
男子	第 1 名	杜马	美国	2.12 米
	第 2 名	波特	澳大利亚	2.10 米
	第 3 名	卡什卡罗夫	苏联	2.08 米
女子	第 1 名	麦克丹尼尔	美国	1.76 米
	第 2 名	皮萨列娃	苏联	1.67 米
	第 3 名	霍普金斯	英国	1.67 米

1960 年第 17 届夏季奥运会

性别	名次	姓名	国籍	成绩
男子	第 1 名	沙夫拉卡泽	苏联	2.16 米
	第 2 名	布鲁梅尔	苏联	2.16 米
	第 3 名	托马斯	美国	2.14 米
女子	第 1 名	巴拉斯	罗马尼亚	1.85 米
	第 2 名	尤兹维·亚科夫斯卡	波兰	1.71 米
	第 3 名	雪莉	英国	1.71 米

1964 年第 18 届夏季奥运会

性别	名次	姓名	国籍	成绩
男子	第 1 名	布鲁梅尔	苏联	2.18 米
	第 2 名	托马斯	美国	2.18 米
	第 3 名	兰博	美国	2.16 米
女子	第 1 名	巴拉斯	罗马尼亚	1.90 米
	第 2 名	布朗	澳大利亚	1.80 米
	第 3 名	钦契克	苏联	1.78 米

1968 年第 19 届夏季奥运会

性别	名次	姓名	国籍	成绩
男子	第 1 名	福斯贝里	美国	2.24 米
	第 2 名	卡拉瑟斯	美国	2.22 米
	第 3 名	加夫里洛夫	苏联	2.20 米
女子	第 1 名	雷兹科娃	捷克斯洛伐克	1.82 米
	第 2 名	奥科罗科娃	苏联	1.80 米
	第 3 名	科兹尔	苏联	1.80 米

1972 年第 20 届夏季奥运会

性别	名次	姓名	国籍	成绩
男子	第 1 名	塔尔马克	苏联	2.23 米
	第 2 名	容格	民主德国	2.21 米
	第 3 名	斯通斯	美国	2.21 米
女子	第 1 名	迈法特	联邦德国	1.92 米
	第 2 名	布拉戈耶娃	保加利亚	1.88 米
	第 3 名	古森鲍尔	奥地利	1.88 米

1976 年第 21 届夏季奥运会

性别	名次	姓名	国籍	成绩
男子	第 1 名	弗绍瓦	波兰	2.25 米
	第 2 名	乔伊	加拿大	2.23 米
	第 3 名	斯通斯	美国	2.21 米
女子	第 1 名	阿克曼	民主德国	1.93 米
	第 2 名	西梅奥尼	意大利	1.91 米
	第 3 名	布拉戈耶娃	保加利亚	1.91 米

1980 年第 22 届夏季奥运会

性别	名次	姓名	国籍	成绩
男子	第1名	韦西格	民主德国	2.36 米
	第2名	弗绍瓦	波兰	2.31 米
	第3名	弗赖穆特	民主德国	2.31 米
女子	第1名	西梅奥尼	意大利	1.97 米
	第2名	基耶兰	波兰	1.94 米
	第3名	基斯特	民主德国	1.94 米

1984 年第 23 届夏季奥运会

性别	名次	姓名	国籍	成绩
男子	第1名	默根堡	联邦德国	2.35 米
	第2名	舍贝里	瑞典	2.33 米
	第3名	朱建华	中国	2.31 米
女子	第1名	迈法特	联邦德国	2.02 米
	第2名	西梅奥尼	意大利	2.00 米
	第3名	亨特利	美国	1.97 米

1988 年第 24 届夏季奥运会

性别	名次	姓名	国籍	成绩
男子	第1名	阿夫杰延科	苏联	2.38 米
	第2名	康韦	美国	2.36 米
	第3名	波瓦尔尼岑	苏联	2.36 米
	第3名	舍贝里	瑞典	2.36 米
女子	第1名	里特	美国	2.03 米
	第2名	科斯塔迪诺娃	保加利亚	2.01 米
	第3名	贝科娃	苏联	1.99 米

1992 年第 25 届夏季奥运会

性别	名次	姓名	国籍	成绩
男子	第 1 名	索托马约尔	古巴	2.34 米
	第 2 名	舍贝里	瑞典	2.34 米
	第 3 名	帕尔蒂卡	波兰	2.34 米
	第 3 名	福赛思	澳大利亚	2.34 米
	第 3 名	康韦	美国	2.34 米
女子	第 1 名	亨克尔	德国	2.02 米
	第 2 名	阿斯塔菲	罗马尼亚	2.00 米
	第 3 名	金特罗	古巴	1.97 米

1996 年第 26 届夏季奥运会

性别	名次	姓名	国籍	成绩
男子	第 1 名	奥斯丁	美国	2.39 米
	第 2 名	帕蒂卡	波兰	2.37 米
	第 3 名	史密斯	英国	2.35 米
女子	第 1 名	科斯塔迪诺娃	保加利亚	2.05 米
	第 2 名	巴科基阿尼	希腊	2.03 米
	第 3 名	巴巴科娃	乌克兰	2.01 米

2000 年第 27 届夏季奥运会

性别	名次	姓名	国籍	成绩
男子	第 1 名	克留金	俄罗斯	2.35 米
	第 2 名	索托马约尔	古巴	2.32 米
	第 3 名	哈马德	阿尔及利亚	2.32 米
女子	第 1 名	叶莲娜·叶列西娜	俄罗斯	2.01 米
	第 2 名	克罗特	南非	2.01 米
	第 3 名	贝格奎斯特	瑞典	1.99 米
	第 3 名	潘特里蒙	罗马尼亚	1.99 米

2004 年第 28 届夏季奥运会

性别	名次	姓名	国籍	成绩
男子	第 1 名	霍尔姆	瑞典	2.36 米
	第 2 名	马特·海明威	美国	2.34 米
	第 3 名	亚罗斯拉夫	捷克共和国	2.34 米
女子	第 1 名	斯列萨连科	俄罗斯	2.06 米
	第 2 名	海斯特里	南非	2.02 米
	第 3 名	斯蒂约皮娜	罗马尼亚	2.02 米

2008 年第 29 届夏季奥运会

性别	名次	姓名	国籍	成绩
男子	第 1 名	斯林诺夫	俄罗斯	2.36 米
	第 2 名	雷巴科夫	俄罗斯	2.34 米
	第 2 名	梅森	英国	2.34 米
女子	第 1 名	埃勒博	比利时	2.05 米
	第 2 名	弗拉希奇	克罗地亚	2.05 米
	第 3 名	安娜·奇切罗娃	俄罗斯	2.03 米

2012 年第 30 届夏季奥运会

性别	名次	姓名	国籍	成绩
男子	第 1 名	乌科夫	俄罗斯	2.38 米
	第 2 名	基纳德	美国	2.33 米
	第 3 名	巴希姆	卡塔尔	2.29 米
	第 3 名	德鲁因	加拿大	2.29 米
	第 3 名	格拉巴斯	英国	2.29 米
女子	第 1 名	切洛娃	俄罗斯	2.05 米
	第 2 名	巴雷特	美国	2.03 米
	第 3 名	谢克里纳	俄罗斯	2.03 米

跳远世界纪录

性别	成绩	创造人	创造日期	创造地点
男子	8.95 米	鲍威尔（美国）	1991 年 8 月 30 日	东京
女子	7.52 米	奇斯蒂娅科娃（苏联）	1988 年 6 月 11 日	列宁格勒

奥运会跳远成绩

1896 年第 1 届夏季奥运会

性别	名次	姓名	国籍	成绩
男子	第 1 名	克拉克	美国	6.35 米
	第 2 名	加勒特	美国	6.00 米
	第 3 名	康诺利	美国	5.84 米

1900 年第 2 届夏季奥运会

性别	名次	姓名	国籍	成绩
男子	第 1 名	克伦茨莱因	美国	7.18 米
	第 2 名	梅尔·普林斯坦	美国	7.17 米
	第 3 名	帕特里克·莱希	英国	6.95 米

1904 年第 3 届夏季奥运会

性别	名次	姓名	国籍	成绩
男子	第 1 名	梅尔·普林斯坦	美国	7.34 米
	第 2 名	丹尼尔·弗兰克	美国	6.89 米
	第 3 名	斯坦格兰德	美国	6.88 米

1908 年第 4 届夏季奥运会

性别	名次	姓名	国籍	成绩
男子	第 1 名	弗兰克·艾恩斯	美国	7.48 米
	第 2 名	丹尼尔·凯利	美国	7.09 米
	第 3 名	卡尔文·布里克	加拿大	7.08 米

1912 年第 5 届夏季奥运会

性别	名次	姓名	国籍	成绩
男子	第 1 名	阿尔伯特·格特森	美国	7.60 米
	第 2 名	卡尔文·布里克	加拿大	7.21 米
	第 3 名	奥贝里	瑞典	7.18 米

1920 年第 7 届夏季奥运会

性别	名次	姓名	国籍	成绩
男子	第 1 名	威廉·彼得森	瑞典	7.15 米
	第 2 名	卡尔·约翰逊	美国	7.09 米
	第 3 名	亚布拉罕森	瑞典	/7.08 米

1924 年第 8 届夏季奥运会

性别	名次	姓名	国籍	成绩
男子	第 1 名	威廉·哈伯德	美国	7.44 米
	第 2 名	爱德华·古尔丁	美国	7.27 米
	第 3 名	汉森	挪威	7.26 米

1928 年第 9 届夏季奥运会

性别	名次	姓名	国籍	成绩
男子	第 1 名	爱德华·哈姆	美国	7.73 米
	第 2 名	西尔维·卡托尔	海地	7.58 米
	第 3 名	阿尔弗雷得·巴特斯	美国	7.40 米

1932 年第 10 届夏季奥运会

性别	名次	姓名	国籍	成绩
男子	第 1 名	爱德华·戈登	美国	7.64 米
	第 2 名	查理斯·雷德	美国	7.60 米
	第 3 名	南部忠平	日本	7.45 米

1936 年第 11 届夏季奥运会

性别	名次	姓名	国籍	成绩
男子	第 1 名	欧文斯	美国	8.06 米
	第 2 名	萨朗	德国	7.87 米
	第 3 名	田岛直人	日本	7.74 米

1948 年第 14 届夏季奥运会

性别	名次	姓名	国籍	成绩
男子	第 1 名	威利·斯蒂尔	美国	7.82 米
	第 2 名	布鲁斯	澳大利亚	7.55 米
	第 3 名	赫伯特·道格拉斯	美国	7.54 米
女子	第 1 名	贾尔马蒂	匈牙利	5.69 米
	第 2 名	波特拉	阿根廷	5.60 米
	第 3 名	安 - 布里特·雷曼	瑞典	5.57 米

1952 年第 15 届夏季奥运会

性别	名次	姓名	国籍	成绩
男子	第 1 名	杰罗姆·比弗	美国	7.57 米
	第 2 名	古尔丁	美国	7.53 米
	第 3 名	弗代希	匈牙利	7.30 米
女子	第 1 名	威廉斯	新西兰	6.24 米
	第 2 名	亚理桑得拉·丘吉娜	苏联	6.14 米
	第 3 名	雪莉·考利	英国	5.92 米

1956 年第 16 届夏季奥运会

性别	名次	姓名	国籍	成绩
男子	第 1 名	乔治·贝尔	美国	7.83 米
	第 2 名	约翰·贝内特	美国	7.68 米
	第 3 名	乔马·瓦尔卡马	芬兰	7.48 米
女子	第 1 名	伊兹贝塔·克舍辛斯卡	波兰	6.35 米
	第 2 名	威莉·怀特	美国	6.09 米
	第 3 名	德瓦利什维利	苏联	6.07 米

1960 年第 17 届夏季奥运会

性别	名次	姓名	国籍	成绩
男子	第 1 名	拉尔夫·博斯顿	美国	8.12 米
	第 2 名	伊尔文·罗伯逊	美国	8.11 米
	第 3 名	捷尔-奥瓦涅相	苏联	8.04 米
女子	第 1 名	克列普金娜	苏联	6.37 米
	第 2 名	克舍辛斯卡	波兰	6.27 米
	第 3 名	克劳斯	德国	6.21 米

1964 年第 18 届夏季奥运会

性别	名次	姓名	国籍	成绩
男子	第 1 名	莱恩·戴维斯	英国	8.07 米
	第 2 名	拉尔夫·博斯顿	美国	8.03 米
	第 3 名	捷尔-奥瓦涅相	苏联	7.99 米
女子	第 1 名	玛丽·兰德	英国	6.76 米
	第 2 名	基尔森斯坦	波兰	6.60 米
	第 3 名	谢尔卡诺娃	苏联	6.42 米

1968 年第 19 届夏季奥运会

性别	名次	姓名	国籍	成绩
男子	第 1 名	鲍伯·比蒙	美国	8.90 米
	第 2 名	克劳斯·贝尔	民主德国	8.19 米
	第 3 名	拉尔夫·博斯顿	美国	8.16 米
女子	第 1 名	斯科波列亚努	罗马尼亚	6.82 米
	第 2 名	席拉·舍尔伍德	英国	6.68 米
	第 3 名	塔利舍娃	苏联	6.66 米

1972 年第 20 届夏季奥运会

性别	名次	姓名	国籍	成绩
男子	第 1 名	兰迪·威廉斯	美国	8.24 米
	第 2 名	汉斯·包姆加特纳	联邦德国	8.18 米
	第 3 名	阿尔尼·鲁宾逊	美国	8.03 米
女子	第 1 名	海德·罗森达尔	联邦德国	6.78 米
	第 2 名	戴安娜·约尔戈娃	保加利亚	6.77 米
	第 3 名	伊娃·苏兰诺娃	捷克斯洛伐克	6.67 米

1976 年第 21 届夏季奥运会

性别	名次	姓名	国籍	成绩
男子	第 1 名	阿尔尼·鲁宾逊	美国	8.35 米
	第 2 名	兰迪·威廉斯	美国	8.11 米
	第 3 名	弗兰克·瓦滕堡	民主德国	8.02 米
女子	第 1 名	安吉拉·福格特	民主德国	6.72 米
	第 2 名	凯西·麦克米伦	美国	6.66 米
	第 3 名	丽迪亚·阿尔费耶娃	苏联	6.60 米

1980 年第 22 届夏季奥运会

性别	名次	姓名	国籍	成绩
男子	第 1 名	东布罗夫斯基	民主德国	8.54 米
	第 2 名	弗兰克·帕舍克	民主德国	8.21 米
	第 3 名	波德卢日内	苏联	8.18 米
女子	第 1 名	科尔帕科娃	苏联	7.06 米
	第 2 名	维亚克	民主德国	7.04 米
	第 3 名	斯卡奇科	苏联	7.01 米

1984 年第 23 届夏季奥运会

性别	名次	姓名	国籍	成绩
男子	第 1 名	卡尔·刘易斯	美国	8.54 米
	第 2 名	盖瑞·霍尼	澳大利亚	8.24 米
	第 3 名	埃万杰利斯蒂	意大利	8.24 米
女子	第 1 名	库什米尔－斯坦丘	罗马尼亚	6.96 米
	第 2 名	瓦丽·约内斯库	罗马尼亚	6.81 米
	第 3 名	赫恩肖	英国	6.80 米

1988 年第 24 届夏季奥运会

性别	名次	姓名	国籍	成绩
男子	第 1 名	卡尔·刘易斯	美国	8.72 米
	第 2 名	迈克·鲍威尔	美国	8.49 米
	第 3 名	拉里·迈里克斯	美国	8.27 米
女子	第 1 名	乔伊纳－克西	美国	7.40 米
	第 2 名	德雷克斯勒	民主德国	7.22 米
	第 3 名	奇斯佳科娃	苏联	7.11 米

1992 年第 25 届夏季奥运会

性别	名次	姓名	国籍	成绩
男子	第 1 名	卡尔·刘易斯	美国	8.67 米
	第 2 名	迈克·鲍威尔	美国	8.64 米
	第 3 名	乔伊·格林	美国	8.34 米
女子	第 1 名	德雷克斯勒	德国	7.14 米
	第 2 名	克拉维茨	独联体	7.12 米
	第 3 名	乔伊纳－克西	美国	7.07 米

1996 年第 26 届夏季奥运会

性别	名次	姓名	国籍	成绩
男子	第 1 名	卡尔·刘易斯	美国	8.50 米
	第 2 名	詹姆斯·贝克福德	牙买加	8.29 米
	第 3 名	乔伊·格林	美国	8.24 米
女子	第 1 名	阿朱尼瓦	尼日利亚	7.12 米
	第 2 名	菲奥娜·梅	意大利	7.02 米
	第 3 名	乔伊纳－克西	美国	7.00 米

2000 年第 27 届夏季奥运会

性别	名次	姓名	国籍	成绩
男子	第 1 名	伊万·佩德罗索	古巴	8.55 米
	第 2 名	杰·托利马	澳大利亚	8.49 米
	第 3 名	罗曼·舒伦科	乌克兰	8.31 米
女子	第 1 名	海克·德雷克斯勒	德国	6.99 米
	第 2 名	菲奥娜·梅	意大利	6.92 米
	第 3 名	马里昂·琼斯	美国	6.92 米

2004 年第 28 届夏季奥运会

性别	名次	姓名	国籍	成绩
男子	第 1 名	德怀特·菲利普斯	美国	8. 59 米
	第 2 名	约翰·莫菲特	美国	8. 47 米
	第 3 名	琼·里诺·马丁内斯	西班牙	8. 32 米
女子	第 1 名	塔吉扬娜·列别杰娃	俄罗斯	7. 07 米
	第 2 名	伊琳娜·西玛吉娜	俄罗斯	7. 05 米
	第 3 名	塔吉扬娜·科托娃	俄罗斯	7. 05 米

2008 年第 29 届夏季奥运会

性别	名次	姓名	国籍	成绩
男子	第 1 名	欧文·阿兰达	巴拿马	8. 34 米
	第 2 名	科措·莫库纳	南非	8. 24 米
	第 3 名	易卜拉欣·卡梅霍	古巴	8. 20 米
女子	第 1 名	毛伦·伊加·马吉	巴西	7. 04 米
	第 2 名	塔季扬娜·列别德娃	俄罗斯	7. 03 米
	第 3 名	布莱辛·奥哈巴雷	尼日利亚	6. 91 米

2012 年第 30 届夏季奥运会

性别	名次	姓名	国籍	成绩
男子	第 1 名	卢瑟福德	英国	8. 31 米
	第 2 名	瓦特	澳大利亚	8. 16 米
	第 3 名	克拉耶	美国	8. 12 米
女子	第 1 名	里斯	美国	7. 12 米
	第 2 名	索克洛娃	俄罗斯	7. 07 米
	第 3 名	德罗阿切	美国	6. 89 米